95cm × 60cm 스크린

참여작가

김해현(17기) 이정원(17기)

정길순(17기)

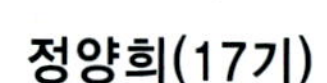

정양희(17기)

정춘식(17기) 김순분(16기)

서창원(16기)

김영섭(15기)

이진수(15기)

정일주(15기)

최예은(15기)

김면희(14기)

천영필(13기)

유정미(13기)

이혜수(11기)

박미향(10기)

신명수(10기)

임진이(10기)

한성춘(10기)

한지영(10기)

김근숙(9기)

김만순(9기)

오연복(9기)

임서정(9기)

김태호(8기)

손문자(7기)

김정태(5기)

소상호(5기)

전하라(4기)

김기원(2기)

민홍기(2기)

송옥임(1기)

CONTENTS

3부

4부

책을 펴내며

지도강사
김 순 진

고려대 평생교육원에서 강의를 시작한 지, 오는 9월 학기로 만 9년째다. 그동안 정말 많은 분들이 오셔서 공부를 했다. 수료 후 대부분 등단을 하거나 시집을 내셨다. 다른 곳에서 등단하시고 공부가 모자라서 오신 분도 있었고, 생전 처음 시를 쓰시는 분도 있었다.

자녀가 가보라고 등록해준 분도 있었고, 부부가 함께 오신 분도 있었다. 평생 동안 대학 문턱에도 가보지 못해, 대학 이름을 달고 싶어 오신 분도 있었고, 엄청 실력이 좋은 분인데, 더 공부하고 싶어서 오신 분도 있었다. 미혼의 젊은이부터 팔순이 훨씬 넘은 분까지 있었다. 고려대 근처에 사시는 분도 있었고, 멀리 부산, 통영, 영주, 군산, 원주, 영월, 춘천, 연천 등지에서도 오신 분도 있었다. 나는 그분들의 열정에 감동하여 밤을 새워가며 정말 열정적으로 가르쳐드렸다.

지금 수료한 분들은 모두 제각기 자기 자리로 돌아가 있다. 그런데 수료생들을 돌봐드리지 못해 늘 찜찜했는데 이번에 문득 아이디어가 떠올랐다. 이번 17기 수료생들이 주축이 된 앤솔로지에 함께 내드리고 싶었던 것이다.

일일이 문자를 드렸다. 그런데 1기 수료생인 송옥임 시인부터 정말 많은 분들이 반갑고 고맙다며 원고를 보내주셨다. 너무나 많은 분들이 참여해주셨다. 원고 5편씩 보내달라고 했기에 책의 분량이 너무 많아서 걱정했지만, 고민 끝에 그대로 실어드리기로 했다. 수료한지 10여 년 만에 만나게 될 사람도 반가웠지만, 그분들의 글도 너무 소중하기 때문이다.

이제 내년이면 강의 10년차다. 내년 연말에는 수료생들 전체가 참여하는 전집을 만들고 싶은 생각을 가지고 있다. 10년이면 강산도 변한다고 했는데, 우리들의 마음은 정말 괄목할만한 성장을 했다. 나 또한 고려대 평생교육원 시창작과정의 강의를 통하여 매우 큰 성장을 했고, 문단으로부터 좋은 평판을 듣고 있다. 모두 여러분께서 등록해주시고 소개해주신 결과로 머리 숙여 감사의 인사를 올린다.

그동안 옆에서 묵묵히 도와준 스토리문학 편집장 전하라 시인에게 진심으로 감사드리며, 그동안 과대표를 맡아 수고해주신 박승연, 원청자, 김사랑, 류명남, 김선영, 심상영, 정 아, 신연두, 김매절, 최문옥, 한성춘, 한지영, 김순수, 임서정, 천영필, 김소현, 이혜수 선생님께 진심으로 감사드린다.

2019년 8월 21일

지도강사 김 순 진 올림

고려대학교 평생교육원 시창작과정

수강생 모집

- 등록기간 : 매년 2월 및 8월
- 등록금 : 30만원
- 수업기간 : 학기별 15주
- 지도강사 : 김순진(시인, 문학평론가, 스토리문학 발행인, 한국문인협회 이사, 국제펜한국본부 이사, 은평문인협회 회장, 저서 15권
- 요일 : 매주 수요일 오전 10시~1시까지(3시간)
- 고려대학교 평생교육원 시창작 담당 : 02) 3290-1463
- 대상 : 등단하고 싶은 분, 신춘문예에 응모하고 싶은 분, 시집을 낼 예정인 분, 시를 좋아하는 분이면 누구나(수료생에게는 고려대학교 총장 명의 수료증을 수여함)

- 접수방법 : 전화접수(02-3290-1463) 홈페이지 접수
- 입금계좌 : 하나은행 391-910004-61804(고려대학교 평생교육원) * 카드결제불가

- 신청과정 쉬운방법 :입금 후 평생교육원에 전화해서 시창작과정 등록한다고 말하고, 이름, 전화번호, 주소, 주민번호 등을 말하면 끝.
- 등록 상담 : 계간 스토리문학 전하라 편집장 (문의 : 010-9128-7778)

초대시

지도강사

김순진 시인

초대시

살포 외 4편

김순진(지도강사)[1)]

공주박물관 전시실에서 살포[2)]를 본다

어릴 적 휴전선과 가까운 곳에 살던 나는
귀청이 찢어질 듯한 대담방송을 들으며 자랐다
남풍이 부는 날이면 북한은 자주 풍선을 띄워 삐라를 살포했다
우리는 삐라를 주워 파출소에 가져다주었고
순경들은 자유의 벗이란 칼라잡지를 선물로 주었다
우리는 살포시 미소를 지으며 딱지를 접었다

모내기철이면 소작농 아버지는
무딘 삽을 들고 밤새 뒷둔지 벌판을 오르내려야 했다
수리조합의 순서에 따라 그날 밤은
저수지 물이 온전히 우리 집으로 들어올 차례
그러나 중간에서 살포시 제논으로 물꼬를 터놓는 얌체들 때문에

---

1) <스토리문학> 발행인, 저서 『효과적인 시창작법』 외 15권
2) 살포 : 공주 수촌리 1호 덧날무덤에서 출토된 백제시대의 농기구로 T자 손잡이에 길고 가는 몸통, 작은 삽날로 이루어져 있다. 지역의 우두머리들이 농사에 필요한 물을 배분할 때 썼다는 설명이 붙어 있다.

뒷둔지의 맨 아래쪽 논이었던 아버지에게 모를 내는 일은 전쟁이었다

차돌바위 등에 터져 죽은 게 무엇이게?
어머니는 수수께끼를 내며 우리들의 옷을 벗겨
화롯불에 데우며 손톱이 빨갛도록 이를 잡았다
그럴 때면 아버지는 늘 군대이야기를 했다
이가 하도 많아 벌거벗은 몸에 디디티 살포당하며
군대생활을 했다는 무용담은 무장공비를 잡은 듯 의기양양했다

막 결혼을 할 때쯤 국회의원 선거가 있었다
오늘밤 돈봉투를 살포한다는 소문에 잠을 안자고 기다렸다
투표일 자정이 되자 네 번 떨어져 아내가 지게 품을 판다는
이 모 후보의 운동원이 와서 식용유 한 병을 주고 갔다
박스공장에 다니던 나는 콩기름 한 병 받고 찍어준 그가 당선돼
살포시 쓴 웃음을 웃어야 했다

제 논에 물들어가는 것을 볼 때와
제 새끼 입에 음식 들어갈 때 생긴다는 미소, 살포시
저 살포를 들고 벌판을 오르내리던 백제의 관리는
하층민들의 배를 불리며 살포시 미소를 공급했을까
나는 오늘도 메마른 가슴에 살포시 물꼬를 터볼
출렁거리는 시 한 편 쓰고 싶어 밤의 언덕을 오르내린다

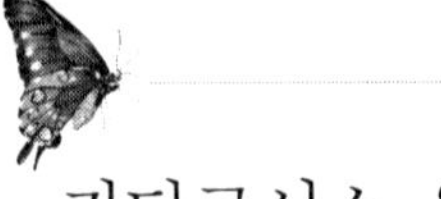

카타르시스 육모법

나에게 어둠의 할부가 끝나가고 있어 아쉽다
어둠을 더 대출받지 못해 너무나 아쉽다
나에게 어둠은 최고의 가치였다
나이가 들자 내 어둠에 자꾸만 밝음이 기생하려 한다
엄마가 죽고 세 달도 안 돼 아버지가 새엄마를 데려왔을 때
나의 계절은 철저히 어두웠다
그믐밤 같은 날이 청춘 내내 지속되었다
반항과 가출은 내 어둠의 잘생긴 얼굴이었다
첫 공장에서의 임금체불과 신체적 가학에서
나는 꿈이나 미래 같이 허황되고 부조리한 빛을 차단키로 했다
쉰아홉 살의 나이에 아직도 사글세를 전전하고 있는 내가
여전히 어둠을 사랑한다고 사람들은 조소하겠지
그러나 어둠이야말로 나의 신실한 애인
어둠은 내가 오르가슴을 요구할 때마다 튼실한 엉덩이를 들이민다
백주대낮에 무엇을 할 것인가
온갖 번쩍거림을 매단 시인이라니 가당키나 한가
시시덕거리며 꽃을 보느니 차라리 골방에 곰팡이를

키우겠다

잔뜩 어둠을 채운 내 서재엔
곧 시밭에 이식될 카타르시스가 빼곡히 자라고 있다

감자의 눈

감자는 눈으로 아이를 낳는다
우묵한 눈으로 어두운 땅속 세상을 바라보았다가
무르고 기름진 땅을 골라 아이를 낳은다
씨감자의 눈에서 나온 탯줄로 길러지는 감자의 아기
씨감자는 두 토막 세 토막 잘려진 몸으로도 본분을 잃지 않고
한 번도 나가보지 않은 세상으로 새싹을 밀어 올린다
무서운 세상에 나와 그 여린 잎으로 햇볕을 모으고
바람을 끌어들여 제 숨을 나눠주며 어린 감자를 길러 낸다
그리고 마침내 제 몸보다 큰 감자를 길러냈을 때
제 눈보다 많은 감자를 길러냈을 때
감자 싹은 시들고 감자는 땅속에서 일가를 이룬다

자식이 눈에 밟혀 못 먹겠다거나
눈에 넣어도 시지 않다던 우리네 엄마가
그윽한 눈으로 우리를 길러냈던 것처럼

더듬이주식회사

종로3가 지하철 3호선에서
청량리역 쪽으로 가는 1호선 열차로 갈아탔다
열차 칸 사이에서 살짝 눈을 뜬 가짜 맹인 두 명이
3분 사이로 찬송가에 발을 맞춰 엉거주춤 걷고 있다
움푹 패인 눈이지만 희망의 감자눈을 잃어
구걸로 연명해야 하는 그들
어느 병원에 문병을 갔다가
꾀병도 병이라는 표어를 본 일이 있다
삶이 얼마나 고됐으면 멀쩡한 사람들이
눈을 감고 더듬이를 택하였을까
등에 멘 달팽이집가방에 천 원짜리 몇 닢 넣은 그가
삶의 점액질을 발산하며 달팽이 발을 질질 끈다
하지만 그들의 눈을 떠주기 위해 목숨 거는
심청이도 뱃사람도 보이지 않는다

그들에게 지팡이는 길을 더듬는 도구가 아니라
더듬이주식회사의 사원증이었다

집구석

어릴 적 엄마는 자주 연장을 빌리러 갔다
채칼 한 개 사기 힘든 가정형편에
말도 빌리러 가고
되도 빌리러 가고
가끔 체나 키를 빌려오기도 했다

아버지는 탈곡기를 빌려다 콩을 떨거나
홀태를 빌려다 덜 익은 벼를 훑기도
쇠불알저울을 빌리기도 했다
가끔 흙손을 빌리기도 하고
도리깨는 상습적으로 빌리는 물건이었다

그럴 때면
우리 집은 안방이나 마루 광 할 것 없이 모두 집구석이 되었다

그 집구석은 그까짓 채칼이 몇 푼이나 된다고 날마다 빌려달라는 거야
그 집구석에만 들어가면 안 나와
그놈의 집구석 보기만 해봐라

아버지 엄마 동생에 나까지도 모두 싸잡혀서 집구석
으로 불렸다

그때 빌리려 했던 물건을 모두 살 수 있게 된 지금
집구석 소리가 그리운 건 왜일까

집구석은 가난의 비하적인 말이 아니라
화목함에 침범 못할 여섯 식구의 요새였던 것이다

1부

한강로 40번지 외 4편

김해현[3)]

한강로 40번지에는 작은 기찻길이있다
동주네 옆집 수경이네 집앞이다

언제부터인가 사람들은 그곳을
땡땡거리라고 부른다
그곳으로 고물을 실은 힘겨운 리어카들이
낡은 몸을 드러내며 드나든다

담벼락에 쪼그려 앉은 여인네들의 저녁 찬거리 이야기와
술주정뱅이인 전파상 아저씨가
어젯밤 흘리고 간 구두 한 짝 이야기가 떠돈다

오늘은 무슨 일이 있었는지
뚱땡이 할머니가
사나운 얼굴로 욕을 퍼대며 지나간다

긴 국수가닥을 뽑아 대나무 봉에 말려 파는
녹슨 철문의 국숫집
데모하다 끌려가 생사마저도 확인 안 된

---

3) 17기, 2019년 3월 등록

아들 걱정에
그 집 아주머니의 한숨이
온 동네를 잿빛으로 물들인다

그렇게 정적이 흐르고
기차는 또 아무 일 없다는 듯이
이 동네를 먹어 삼킨다

전당포로 간 시계

젖은 빨래처럼 축 늘어진
아버지의 그림자를 따라
근심어린 마음으로 그의 발자국을 되밟았다

달팽이 같은 골목길을 빠져나와
다다른 곳은
붉은빛이 도는 허름한 건물의 전당포였다

젊은날 소중히 아끼던 시계는
강제로 옷 벗겨지고
그의 손목은 한없이 가볍고 초라해졌다

다음날 담임선생님의 벼락같은 호통을 걱정하던
나의 작은 손에는 월사금이라고
씌어진 꾸깃꾸깃한 누런 봉투가 쥐어졌고

그의 힘없는 손에 들려온
비곗덩어리 섞인 돼지고기는
아담의 사과처럼 아직도 내 목구멍에 걸려있다

오후 3시

잔망스런 졸음이 오후 눈꺼풀에 매달려
눈앞 풍경은 둔탁해지고
늘어진 일과는 밀린 고지서 되어
감정의 바닥에 가라앉는다
횡설수설 입으로 나오는 국적불명의 이중 언어는
허공에서 허공으로 맴돌다 귓속잠으로 사라지는데

쉬다 가다 느슨해진 태엽이 거꾸로 감기고
엇누인 심장에도 인공호흡이 필요한
사랑도 잠시 정지된 시간
생각은 물고기 되어 처마 밑을 날으고
나는 어머니 자궁속 탯줄 부여잡고 아가 잠 자는
나른한 오후 3시

부재(不在)

숟가락 쇳대 채워놓은 격자문엔
거미줄 그림자가 빈집 드리우고

누렇게 들뜬 처마 밑엔
가로로 지어진 낡은 둥지 비어있다

싸릿문 여불떼기 주둥이 벌린 망태기는
한나절 매달려 낯익은 손길 기다리고

옆에서 곤히 자는 지아비 등에서는
젊은 세월의 부재(不在)가 코끝 찡하게 등 두드리고
있다

염색

5령 7일된 뽕잎 먹은 누에는 하이얀 명주실 뽑고
땀에 절은 난닝구의 방앗간 강 씨는 모락모락 가래떡 뽑고
나는 정수리 너머로 모가지 내미는 흰머리를 뽑다가
연체료 붙은 세월의 흐름 마다하지 못하고
덕
지
덕
지
염색약 처바르며
한 삼 개월 젊게 산다

꽃비 속으로 외 4편

이정원[4)]

개나리 꽃
소복이 핀 울타리 지나서면

뽀얀 우윳빛 속살 보이시 한 자태로
한껏 올린 턱을 하고 있던 목련 꽃

추레한 모습
뒤로하면

짙은 화장기로 무장한 자목련
그녀를 지키며 서 있다
이팔청춘들에게
이틀만 꾸어 놓은 언덕길에는

꽃 한가득 흐드러지게 품고 있는 벚나무가지
사이사이로

쏟아지는 햇살타고 나풀나풀 춤사위로 나리는
꽃길 펼쳐진다

---

4) 17기, 2019년 3월 등록, 본명은 이종성, 화가.

아빠가 밀어가는 유모차 안에선
젖병 물린 아가씨 스마트폰 검색이 한창이다

길가의 돌멩이에 엉덩이 붙인 늦바람 화가
시인의 공간 찾는다며 해매이고

종이비행기 날리는 아버지와 아들
두 어깨가 정겹다

빨대 꽂은 아메리카노 맞잡아든 연인들
어깨에 꽃잎 쌓이며 속삭이는데

어디선가 버스커 버스커
'벚꽃 엔딩, 봄바람 휘날리며…,' 흘러나온다

간간히 들리어 오는
뷰리플 소리

먼 하늘 길로 시집 온 셀카봉 잡은 아지매
빨리 빨리에 묻혀 지는데

마주 잡은 손 흔들며 소근대는
아빠와 딸의 대화가 수상하다

아빠

꽃잎도 뿌려 주는 벚꽃이 제일 예뻐요
은희야
그러면 개나리는 슬프잖아

빨개진 얼굴 가리는 손가락 사이로
개나리와 마주 친 은희가 쑥스러워 저만치 뛰쳐나간다

때맞추어 불어오는 샛바람에 찬란히
쏟아지는 꽃비 맞으며

모두가
시인 되어 걷고 있다

새 지평을 열다, 전영미

허난설헌 옛에 고이 있고
사임당으로 지켜온 맥

반 천년을 굽이돌아 꽃
다시 피우련가

붓더미 위 해박함에 그윽히
맑은 성품

수려한 충만함은 반도를
넘쳤구나

사방의 빛 떨침이
모자람 있지 아니 하고

끝 모를 심오함에 고치로운
섬세함 더하니

우리 화畵 의 새 지평
능히 이루어 볼만 하더이다

* 공필화 선배 전영미 개인전(신춘향전)을 축하하며 이 시를 드립니다

숯덩이 봄

타는 산불 잡을 때에 행여 불을
미워마라

하루인들 그 아니면
온전한 삶이겠느냐

아비규환 검덩이 산
바라지도 않았단다

먼동 트면 잦아들까 사위다 지새운 밤
새찬 골바람 불더미에 쇠구들 다녹였다

백두대간 한 모퉁이 어떤 보시 되었기에
용광로 속 뜨거움에 까막골이 되었느냐

양간 지풍 타령 속에 서로 네 탓
되돌리면

우리네 깊은 상처 허수이
묻혀 갈 때

 · 95cm X 60cm 스크린

아비지옥
숯덩이 봄 다시 오면 어이할꼬

불이야

으쓱으쓱 사뿐사뿐

장터 입구 호떡집에
사장님이 으쓱으쓱 사모님은 사뿐사뿐

천상 부부 춤사위가 신명나게 펼쳐지면 맛깔나게 찰진 호떡 소담이도 빚어지어

노릿노릿 따끈따끈 진득한 참 꿀맛 에
불티나게 동이 난다

성급히도 한입 뜯어 문 꼬두람이 놈
핫~ 뜨거워 해 벌어진 조동이 엔

열불 나 빵빵한 째진 호떡 안살 허이연 틈 사이로 달아오른 속 앙금 홍건히 삐져나와 찐득이 흘러내린다

익숙히 달구어진 불판 위에선
뒤집어 눌려 호떡 익어가는 소리에

시집 안 간 노처녀 품속에 강아지 모가지 길게 빼고

꼬랑이를 살랑이면

시장판 주정뱅이 망나니 상판에도 벌쭉한 미소가 뛰이고
냉장고 위 녹음 라디오 구성진 가락 따라

으쓱으쓱 사뿐사뿐
으쓱으쓱 사뿐사뿐

호주머니 가벼워도 천 원짜리 한 장이면 호떡 먹고 어깨춤 추고 님도 보고 뽕도 따고

으쓱으쓱 사뿐사뿐
으쓱으쓱 사뿐사뿐

호떡집에 불났구나
불이야

다뉴브 강에 진 꽃을 위하여

다 타버린 고단한 석양이 영롱히 노을 지면
다뉴브 강의 진주 세체니 다리 슬프도록 아름답다
브드런 물결 가랑비 타고 꿈 길을 나선다

강 위로 울려 퍼지는 세레나데 악마의 마중
에 무참히도 어둠에 휩쓸려 삼켜졌다

진실을 말해주련 다뉴브의 숨 가쁜 뒤척임을
꽃 피우지 못한 추운 강물 속 처연히 애달픈 사연을
세체니 다리 혀 빠진 사자처럼 너는 왜 말이 없다

위선자처럼 너를 쓰고 너를 아프다

하염없이 달려라 시작된 골짜기로

여기 우리가 뼈 묻어야 할 그 흙이다

* 유람선 사고로 숨진 분들의 영면을 기원하며 빠른 수습을 바라면서 이 시를 바칩니다.

봄의 시작 외 2편

정길순[5]

메말랐던 대지에
빗방울 조근조근 말을 걸면

내가 먼저 네가 먼저
얼굴 내밀며 춤추는 새싹들

도톰하게 부풀은 목련 몽우리
봄의 꿈을 기다린다

5) 17기, 2019년 3월 등록

새벽 4시

줄탁동시
밤의 어미와 갓 밝은 병아리가 서로 쪼았는지
동 트는 소리에 잠이 깬다

찬 공기 한 모금 들이켜고
부산하게 바깥사람의 찬을 챙긴다

한적한 골목, 색이 조금씩 짙어지고
어젯밤 수놓다 만 새털구름이 검푸르접접하다

고개를 숙여 혹시나 하며 네 잎 토끼풀을 찾아본다
고개를 들고 역시나 하면 새로운 풍경이 쏟아진다

하루를 시작하는 시간 속에서
내 나이도 하루를 지나는구나

 · 95cm X 60cm 스크린

보슬비 오는 날

메말랐던 대지 위에
보슬비 살금살금 빗자국 남긴다
연분홍 철쭉 한 송이가
빼꼼히 예쁜 얼굴 내민다
안녕하고 인사하니
방긋 아기웃음 짓는다
아빠, 엄마, 언니, 오빠 꽃은
먼저 떠났다
앞 송산 산비둘기 구슬피운다
며칠 전 떠나간 친구의 인사인가
밤새 그 친구는 흙으로 돌아갔고
내 얼굴에 눈물자국만 남겼다

95cm × 60cm 스크린 외 4편

정 양 희[6)]

설거지를 하다
95cm × 60cm 작은 창가 속
세상을 훔쳐본다

자동차들 포효를 무시하며
리어카에 당당함을 묶어 메고 팔자걸음으로
폐지 줍는 할머니가 무단횡단하며 지나간다
과일 좌판대 배불뚝이 사장님이 궁시렁거리며
시집보낼 사과에 붉은 연지곤지를
찍어 바르고 있고
붕어빵 사장님의 낚시 솜씨는 미끼도 없이
팥앙금 하나로 노릇노릇 일품이다

작은 사거리 앞 신호등
그들만의 규칙 속에서
가다 서다를 반복하며 하루를 돌린다

커피 향 품은 은행나무 사이로
발그레 카페가 부끄러워
숙제 뒤에 숨어 있는 나를 닮았다

---

6) 17기, 2019년 3월 등록

이른 아침부터
안드레아 보첼리[7]인듯 화이트 세탁소 사장님이
세 - 에 - 타 - 악, 하며
내 창 안으로 쑤욱 들어온다

7) 안드레아 보첼리 : 이탈리아의 테너이자 팝페라 가수

가로등

길모퉁이 후미진 곳에 날 세워두드라고
무서워 죽겠는데 말이야
과부촌 단란주점 황 사장이 출근하면서
해를 내려두고 달을 간판에 걸어 두면
내가 슬슬 백구두에 동백기름을 머리에 바르고
등장하면서 동네가 훤해져

쪼간이 서방이 중절모를 눌러쓰고
입꼬리에 웃음꽃이 매달린 자전거가 지나가고
생선장수 병전 어멈이 빈 다라이를 옆구리에 끼고
자반 한 손을 들고 콧노래를 부르며 가는 모습이
오늘 근심을 다 팔은 겨

늦은 밤 코가 삐뚤어지게 취한 태평 아범이
저 푸른 초원 위에 횡설수설하며
오줌 한 양동이를 퍼붓고 가드라고

가끔 갑진네 개 짖는 소리가 정적을 깨우며
시끄럽던 동네는 깊은 잠이 들어
신문 배달원의 신문요 소리에 놀란 달님이
새벽 뒤로 숨어버리면서
나는 표정을 잃어버렸다

소꿉놀이

논두렁 사이를 상고머리 소녀가
총총걸음으로 바삐 날아가고
노오란 아톰 유치원 가방이
소녀의 어깨 위에 올라타 신나게 춤을 춘다

개구리밥으로 고슬고슬 밥을 짓고
빠알간 장미 꽃잎으로
수박화채도 한 사발 만들었다
묽은 뜬 물에 쌀 알을 넣어 식혜도 만들고
호박잎을 채 썰고 모래를 뿌려 버무린
겉절이가 맛깔스럽다

아버지 퇴근길 밝혀주라고
찐 달걀노른자를 별사탕 촘촘히 밝힌
어두운 밤하늘에 매달아뒀다

진수성찬 차려놓고 아버지 퇴근길을
상고머리 소녀가 꾸벅꾸벅 졸음으로 마중 나간다

나도 시 한 번 써 볼랑게

나도 시 한 번 써 볼랑게
발칙한 상상은 어찌 그리 뜀박질을
잘 하는지 잡히지도 않고
낚싯대를 들이밀고 폴딱 거리는 시어를 잡아
내 인생의 초장에 찍어 먹으려니 여시 같은 시어들은
A4 용지만 뜯어먹고 도망간다
이것들을 잡아 비틀어 내 삶에
중탕으로 녹여내려 한 사발 들이켜야겠는데
얼마나 잘 쓰나 세상의 부릅뜬 시선이
나를 주눅으로 마취시킨다

펜이란 놈은
책상에 껌딱지처럼 들러붙어
마치 바윗덩이 같아 들 수도 없다

원숙미로 달궈진 상상의 꼬챙이에
잘 손질된 시어들을 꿰어
노릇노릇 굽는 향기가 세상을 정화시키는
맛깔난 시 한 번 구워먹어 보았으면 좋겠다

페르소나

유디트[8]의 맑고 순수한
앳된 표정으로 분칠하고
영혼 없는 가식적인 죽은 대화들
빈 잔에 허탈함을 가득 채워 마시고
난 그들에게 취해있다

삐에로 분장 속에 숨어
과장된 몸짓과 너스레로 그들에게
날 맞춘 하루
분장 지운 거울 속 삐에로가 울고 있다
굴곡진 그들의 시선
꼬인 혀의 독설
베풀지 못하는 가진 자의 여유로움

첼로 무반주 모음곡이 무겁게 짓누른 하루
깨진 날카로운 유리창 파편에 햇볕이 반사되어
그들이 선글라스 속 가식의 눈빛을 내린다

---

8) 유디트 구약성경에 나오는 앳된 순수한 표정으로 적장을 유혹해 단칼에 목을 베는 소녀

왕방산 치과의사 외 4편

정춘식[9)]

가양리 실개천 돌다리를 사방치기 하듯 건너
굽이굽이 무럭고개를 넘어 왕방산 중턱을 오른다
목이 짧은 제비꽃 나를 반긴다
하늘엔 매가 바람개비처럼 돌고 있다
골짜기엔 버들강아지 솜털이 뽀송뽀송하다
청솔가지 위에 빨간 모자를 쓰고
노란줄무늬 조끼를 입은 딱따구리 한 마리
분주하게 옮겨 다니며 딱딱딱
소나무 산수유나무에 붙어 쪼아대는 모습이
영락 없이 치과선생님이다

왕방산 주치의 딱따구리 치과선생님
그가 왕방산 한 바퀴 왕진을 돌면
잣나무도 참나무도 자작나무도
아이들처럼 웡웡웡 운다

9) 17기, 2019년 3월 등록

그래도 돼지

우리 집은 돼지를 키운다
명순네도 돼지를 키운다

우리 돼지가 명순네 돼지보다 더 크다
그런데 명순이는 자기네 돼지가 더 크다고 한다

그러면 안 되는 줄 모르고
우리 돼지와 명순이네 돼지의 키를 재기로 했다

결박을 풀어주자 돼지들은 키를 잴 새도 없이
미숙이네 호박 감자 옥수수를 모두 다 짓밟아버렸다

할머니는 모종을 사다 땀을 줄줄 흘리면서
미숙이네 밭에 심어주셨다

동네 산악회 시무식 고사지내는 날
웃는 듯한 돼지를 보니 명순이 미숙이 생각이 난다

금수정에 가다

긴 담을 끼고 외딴길을 걸어
금수정 양지쪽에 앉았다

금수정을 안고 있는 개나리 진달래 벚꽃
덩실덩실 어깨춤을 추며 웃는다

영평천은 어린아이처럼 콧방울을 불며
엄마의 품인 양 금수정으로 흘러든다

너럭바위가 젖을 물린 듯
바닥에 누워 금수정을 안고 있다

정자 지붕 위에 까치 까마귀 참새 사이좋게 앉아
옷자락을 흔들며 반갑다 웃는다

정자에 앉아 글 읽는 선비의 모습이 아련한데
새들은 적서서얼 따지지 않고 함께 글을 읽고 있다

수제비 생각

햇볕이 쨍쨍 쪼이는 한낮 창 앞에
매미는 목청을 높이며 울어대고

들에서 일하시는 어머님을 위해
점심을 짓기로 마음을 먹었다

광문 열고 밀가루 큰 양푼 푹 퍼서
물을 넣어 수제비 반죽을 했다

화덕 양은솥에 호박 감자 부추 넣어
땀 눈물범벅으로 불을 때 수제비를 끓였다

반죽이 너무 질어 풀도 아니고 죽도 아니고
누가 볼까 뒤뜰 배나무 밑을 파서 수제비를 묻었다

그런데 간밤에 비가 너무 많이 와
온통 수제비 세상이 되어버렸다

지금도 뒤뜰 배나무만 보면
수제비가 생각이 난다

<시조>

왕숙천 둘레길에서

우뚝 솟은 아차산 용마산이 서로를 얼싸안고
맑게 흐르는 개천을 따라 하류로 내려가면
왕숙천이 조팝꽃 연산홍 라일락을 피운다

산과 꽃, 물과 내가 서로를 보듬는데
구리타워 옆 성난 타자처럼 질주하는 차량들
어느새 석양은 와인 빛으로 내 가슴에 흐른다

이성계가 주무시고 갔다는 곳은 어디일까
이젠 모두가 왕보다 잘 살고 있으니
왕숙천 도로가에 사는 사람들은 모두 왕이다

치약의 항소 외 4편

김순분[10)]

식사가 끝나면 나는 무섭다
아버지가 와서 내 배통을 꾹 눌러
위속에 든 내장물을 뽑아가기 때문이다
또 엄마가 와서 그 짓을 한다
그러다 오빠가 언니가…
내 허리가 부러질 지경이 되면
수술 가위로 두 동강 내어 수술한다
굴뚝 뚫는 청소기로 내장을 훑는다
쓰리고 아프다 그러다 버린다
당하지 않으려 발버둥 쳐도 甲질에는 당할 수 없다
버려지는 乙의 신세가 서러워 고발했다
그런데 버려도 마땅하다는 판결이 났다
재판장님 너무 억울합니다
항소하겠습니다

10) 16기, 2018년 9월 등록

하늘에 비는 기도

삼월! 삼월이 왔다
일제강점기 대한독립만세를 부르짖던
백년의 세월이 오늘이란다

독립을 위해 피 흘리시며
삼천리 방방곡곡에 태극기 물결로 메아리쳤던
그때의 광경이 눈에 선하다
일제의 삼십육 년 억압을 견뎌내신
선대의 고초를 알기엔 너무 부끄러운 후손들이다

하늘이시여! 우러러 기도를 올립니다
물은 굽이쳐야 아름답고
계곡은 곡선이 어우러져야 아름답고
우리들의 가는 길도 높낮이가 있더라도
함께 가야 아름다울 것입니다

선열들의 흘린 피 헛되지 않게 하여 주소서
묶인 허리끈을 풀어 하나 되게 하여 주소서
세계만방에 우뚝 서는 대한민국이 되게 하여 주소서
어떤 고난에도 굴하지 않고
찬란한 빛 가운데 복되게 살게 하여주소서

 · 95cm X 60cm 스크린

빈병

우리들에게 주어진 하루는 빈병과 같다
그 빈병은 갖가지 형태로 생겼지만
무엇을 채우는가에 달렸다

우리들 삶의 긍정을 담을 수도
마음의 부자를 담을 수도
사랑을 담을 수도 있지만

아픔의 病을 담으면 고통이 올 것이고
약을 담으면 약병
물을 담으면 물병
술을 담으면 술병이 되듯이
그 속에다 위로를 담으면 힘이 날 것이다

우리 모두 그 병에다
사랑이란 비타민을 담고
베품과 情을 담아
살기 좋은 세상을 꿈꾼다

나무와 비

가뭄 끝에 단비가 내린다

나무는 비에게 호통을 쳤다
빨리 오라 전화하고 카톡도 보냈는데
왜 이제사 오는 거야

현기증이 나고 아사풍이 오고
손발의 뒤틀림에 얼마나 괴로웠는데
왜 이제야 오는 거야

마음대로 오지 못해 제 속도 탔답니다
황사 미세먼지가 오는 길을 차단하고
태양이 내 몸에 빨대 꽂아 저도 고통스러웠답니다

나는 사연을 듣고 비를 감싸 안으며
너와 난 芝蘭之交야 하며
감로수에 취해 춤을 추었다

 · 95cm X 60cm 스크린

보리꽃 피는 들판에서

초록물결 하늘 잡고 파도친다
보리꽃 내음이 발길을 이끈다
종다리도 하얀 쪽배에 올라 파도를 탄다
냉이 꽃다지도 출렁이는 물결 위에 춤춘다
도망간 입맛을 잡아줄 씀바귀도
틈새 노려 자기도 한몫 끼워 달라 보채고
경매 보던 뻐꾹새 아저씨는
보리 값 정하지 못해 계속 울부짖는다
무슨 국을 끓일까 고민 중에 쑥국새가
봄에는 쑥국이 제일이라며 쑥국쑥국 운다
앞산 비탈에선 자기도 몸값을 하겠다고
분홍 이불 펼쳐놓고 임을 부른다
어디선가 나비 한 쌍 날아와 너울거린다

휴대폰 테러 외 4편

서창원[11)]

출근 시간에 사람들은 에스커 레이션 한다 어깨를 부딪치며 서로 들고난다 지하철은 배고파서 사람을 쪽 쪽 빨아 마신다 사람들은 손잡이를 한 손으로 쥔다 한 손으로 폰을 든다 친구에게 엄지로 타전한다 목적지는 점점 다가온다 사람들은 목적지를 상실한다

승차하는 사람도 폰을 들고 탄다 내리는 사람도 폰을 보며 내린다 서로 아찔한 W.W.W의 망에 걸려 등 푸른 고기처럼 팔딱거린다 심해의 청어들이 그물 속으로 몰려 들어간다 지하철에서 사람들은 공중으로 높이 솟아오른다

사람들은 폰을 만지고 주무르고 닫고 열고 보고 느끼고 통하고 전하고 섹스한다 웃고 울고 색한다 폰은 지구의 미세먼지를 전하며 테러한다 폰은 희열의 물뽕이다 폰은 절벽이다 더 들어갈 수 없다 최후의 향연이 끝난 정원에서 사람들은 모두 퇴장했다 그래도 사람들은 시체처럼 폰을 들고 귀가한다

---

11) 16기, 2018년 9월 등록, 고려대 국문과 졸업, 월간 <스토리문학> 등단, 시집 『존재의 이유』 등 5권

내 옆에서 휴대폰은 늘 나를 감시한다 카톡 카톡 구역질을 한다 어제의 향연 사진을 받는다 카톡 카톡 나를 깨운다 카톡 카톡 카톡 카톡 카톡 카톡 나를 테러한다 나는 문익점의 솜이불 속으로 든다 밤의 깊은 골작이는 별천지다 별을 밟고 오른다 하늘로 오른다 폰은 자지 않고 카톡 카톡 나를 따라오며 테러한다

서울 팬덤(seoul fandom)

여의도 활주로가 사라진 자리에 새로운 빌딩이 들어섰다 국회의사당은 상여처럼 만들어 얹어 놓았다 봄이 오는 여의도는 사꾸라 판이다 사꾸라가 윤중제를 점령하고 있다 꽃구경 온 사람들이 사꾸라에 취해 돌아간다. 깃발을 들고 모이던 5.16광장을 사꾸라가 밀어냈다 진달래 몇 그루와 소나무, 산수유, 목련꽃만 분향하고 있다

빌딩의 솟대 마천루의 콜로세움 같은 유적지가 만들어 졌다 바람의 유언처럼 들꽃이 푸른 잔디에 조금 자리를 차지하고 빠끔히 뚫어진 꽃 눈을 통해 서울을 본다 사정거리 60km의 서울은 북의 장사정포 10,000문으로 불바다가 된다는데 우리는 유유히 불꽃놀이를 한다 개 끈에 매인 자유가 짖는다

밤섬에 새들이 발자국을 남긴다 겨울에는 흰꼬리수리, 말똥가리, 민물가마우지, 알락오리 여름에는 중대백로, 쇠백로, 해오라기, 개개비, 텃새 황조롱이, 붉은머리오목눈이, 쇠박새 들이 모여 풀섬 작은 천국을 만든다 그래도 섬에서 새 새 발 발 새들은 떤다

>

오늘의 인기는 야투 약투 나투 너투 사투 미투 사범들이 TV를 장식한다 모두 투쟁의 패스트트랙으로 서울은 합성되었다 빠루와 망치가 사진 속에 보인다 끝내 저항의 쇠붙이들이 서울을 난타한다

봄의 인터뷰

흐르는 시간은 어둡다 동굴을 질주하는 서울메트로에 나는 과객이다 다음 역은 동묘앞 젊은 사람이 탄다 내 앞에 서서 우두하니 생각한다 방향을 잃은 듯이 나를 본다 기우는 듯이 어깨가 축 늘어졌다 다음 역에서 정차한다 오른 사람이 내 옆에 서서 암묵적이다 다음 역에 정차한다 젊은 여인이 승차한다 핸드백을 열고 루즈를 꺼낸다 입술을 쩝접거리며 붉게 칠한다 예쁜데 더 예쁘게 칠한다 애인을 만나려나 보다 약간 홍조 띤 얼굴에 봄의 중심이 입술로 모인다 가벼운 흥분이 볼에 흐른다 애인이 나침판처럼 부르는 소리가 난다 희고 고운 얼굴이 반짝거린다 사랑의 순살이 얼굴에 빛난다 에로의 머릿결을 타고 사랑이 반쩍거린다 그녀는 애러의 사랑을 포용한다 사랑은 용서 대신 행복을 준다 다음 고려대역에서 젊은 학생들이 일어선다 모두 오심 없이 통과한다 마지막 계단을 오른다 봄이 밖에서 기다린다 개나리꽃이 노랗게 웃는다 철죽꽃이 연분홍 옷을 입고 기다린다 봄에 대해서 인터뷰한다 새롭고 좋아요 얼만큼 좋습니까 화려함을 즐기세요 봄이 말한다 금매가 숲길에 피어 반짝거린다 바람이 농간한다 에로의 길을 안내한다 숲으로 이루어진 길에는 단풍나무가 애린 잎을 튼다 봄인데 벌써 단풍은 오판한다 계절을 상실한다 상실의 봄은 작은 햇빛을 나무에 걸쳐 놓는다 빛이 있는 곳에서 꽃들이 우르르 몰려 나온다 꽃도 빛을 좋아한다 헤모그로빈의 살결로 봄을 칠한다 벚꽃나무에서 별들이 우르르 몰려나온다 별들이 떨어진 지구가 갑자기 환해진다 도심의 작은 꽃밭에 보라 제비꽃이 북북서진의 바람을 타고 서울에 도착했다 제비꽃이 맹탕의 봄을 달게 섞는다 아메리카노의 검붉은 커피 향으로 내 온몸을 물들여 준다

하늘 문

새들은 하늘을 잘도 날아간다
하늘에도 틈이 있다

뉴턴이 만유인력을 발견한 이래
하늘 문은 새들에게만 허용되었다
새들은 배가 고파서 땅으로 내려와서
곡식과 벌레를 잡아 먹는다

새들이 자주 하늘을 내려오는 것을 보니
하늘은 풍요로운 곳이 아닌가 보다
식량도 먹을 것도 별로 신통치 않은가 보다
그래도 지구에서 배불리 먹고 하늘 문을 열고 날아간다

새들이 접속하는 아이디 H H H H
비밀번호 44 55 66 77
높은 곳 하날(下捏)은 새들에게만 열린다

나도 하늘을 열기 위해
아이디 seoEEEE
비번 sss-12-34-56를 친다
내 앞의 컴퓨터 모니터에 세상이 열린다

>
하늘을 친다
접속불량으로 닫힌다

25만 년 전의 사피엔스의 후손으로
하늘을 모르는 자
그리움을 모르는 자
사랑을 잘 모르는 자에게는 불가함으로 뜬다
리셋한다 검은 장막으로 뜬다
다시 리셋한다 확 컴퓨터가 나간다
하늘 문이 검다

생각의 각도

나는 쓸데없는 생각을 하면서 늘 증명하려 한다
사실은 늘 불안하다
편안한 마음은 세상을 편하게 하는 줄 알지만
세상은 보는 것이 모두 불안한데
편안한 마음을 가지는 것은 속임수다
세상은 속고 사는 것인데 속임수가 무슨 대수냐
그냥 속아주면 되지 않겠는가
안경도수가 틀려서 그런가 하고 나는 새로 안경을 맞추었다
그 안경을 쓰고 밖으로 나와서 본다
광명한 해가 전선에 걸려 있다
새들도 전선 위에서 나를 본다
구름도 전선에 걸려 흩어진다

근시도 원시도 아닌 나는 접점이 큰 시야일 뿐
결정적으로 보아야 할 것을 번번이 못본다
어느새 새는 날아가고
어느새 구름도 없어졌다
어느새 해도 어둠에 잠긴다
어느 새란 내 안경으로는
볼 수 없는 새다

2부

마루타의 청원서[12] 외 4편

김 영 섭[13]

지루한 장맛비에 하얼빈역은 비릿한 냄새만 풍긴다
안중근 의사가 이토우를 저격했던 그 자리
관동군의 후예들 추도회를 열고 있었다
온갖 못된 짓의 반성은 한마디도 듣지 못했다
죽음의 나락으로 떨어진 3천의 원혼들 허공에 맴돈다

731부대 이시이[14]의 망나니 춤판에 한 번 들어서면 끝장이었다
영하 192도의 액체질소로 급냉동 후 쇠막대로 내리치고
진공 실험실에 공기를 빼 풍선처럼 부풀리게 한
독가스실 속에서 처절한 몸부림
에테르 흡입 마취로 장기는 하나씩 표본병에 옮겨졌다

대전(大戰) 후 흥정의 뒷거래로 전범 재판 회부조차 없었다
인권유린에 대한 회개와 책임은 묻히어지고

---

12) 마루타(Maruta) : 인체 실험의 대상자를 달리 이르는 말
13) 15기, 2017년 3월 등록, <한국미소문학> 등단, 시집 『꽃비 내리는 봄날을 가도』 외 1권, 수필집 『 행복을 담그는 법칙』 외 1권
14) 이시이 시로 : 일본 관동군 세균부대 731부대장(1936~1945 재직), 하얼빈에서 인간의 생체실험 통해 무고한 생명을 희생시킴.

천진난만하게 해부실을 구경하던 벙어리 소년의 미소[15]가
아들만을 꼭 살려달라는 러시아 어머니의 절규가…

억울한 마루타의 청원에 답해야 한다. 일본은

15) 마루타 실험 인용 논문으로 교토대 의학박사 23명 배출.

나를 찾아 머문 곳

무심한 허공에 떠돌다가
저 아득한 하늘아래 오봉五峰에 눈길 머물다
인연 따라 이 가람에 발길 닿아
그대 가는 길 어디냐고 물으면
허튼 세속 인연 잠시 던져버리고
번뇌 망상 다 끊으려 여기 왔노라고
천년을 이어온 독성나한(獨聖羅漢)16)께
내 가는 길 바르냐고 물어보련다

초안대선사17) 그리워 다시 찾은 석굴암
넘치는 그리움 천지에 불 밝히니
폭 넓은 너그러움 화안(和顔)으로
우렁찬 그 법문 귀전에 되살아나
온 산하 골 곳에 메아리 넘실되고
임은 관음봉 큰 바위얼굴로
중생(衆生)들께 염화미소로
너 스스로 찾아 잘 가라 일러 주시네

---

16) 독성나한(獨聖羅漢) : 홀로 깨우쳐 번뇌를 끊고 더 이상 배울 만한 법도가 없게 된 훌륭한 성자.

17) 초안 대선사(1938~ 998년): 양주 오봉산 석굴암(주지:도일 스님) 중창불사, 6.25참전 국가무공수훈자.

산과 들 야생화는 생긴 맵시 그대로 곱고
순박한 제 모습은 향기로 화답하듯
스님 얼굴에 핀 파안대소(破顔大笑)가
세파에 부풀린 허구와 욕망 털어내고
청아(淸雅)한 그 마음 무상무아(無想無我)다
그 바위에 그대의 연꽃은 다시 피게 될 거라고…
청정도량 종소리 정적(靜寂)의 기(氣) 세우니
차 한 잔 권하며 두 손 꽉 잡아주시네

아! 백두산

백두산아!
백두산아! 너는 누구냐
한민족의 시작이요 뿌리가 아니 더냐
너에게 거는 기대
한민족의 희망이요 횃불이다

장엄하고 성스러운 믿음
세계문화를 이끌어가는 지혜로운 영산
민족의 단결을 보듬는 넉넉한 그 자태
긍지와 자부가 넘치니 너무도 자랑스럽다

빼앗기고 왜곡된 서러운 이력
언젠가 바로 세워야 할 한민족의 역사
민족의 주춧돌이요 힘의 원동력이다
기어이 찾아야 할 내 땅 내 역사

우리 민족은 저력이 무궁하다
선조들의 빛나는 전통과 얼
기필코 바로 찾아
곧게 강하게 세워야 한다

아름다운 내나라
화려한 금수강산
길이길이 보전하여 후세에 물려주어야 할
준엄한 역사적 사명이다

한민족의 전통
은근과 끈기
끝까지 이 땅에 영원히 번영하여
후대에 길이길이 물려주어야 한다

피난길 나선 앉은뱅이책상

1950년 8월 4일 이른 아침
전쟁의 공포에 쫓긴 피난길
큰 산 넘고 또 넘어
피난 행렬에 함께한 책상이 걸어간다
막바지로 내몰려 갈 곳도 정함도 없이
정처 없이 간다

공부하겠다는 마음 하나
그렇게도 아끼던 책상
그 무거움도 잊은 채
등에 매달고 고통도 뿌리치고 잘도 간다

70년 지나도 분신 같은 보물
지금도 빠끔히 웃고 있다
삶의 궤적에 나침반으로
자리를 지켜주었다

힘에 부칠 땐
앉은뱅이책상만 떠올리면
용기가 되어
거침없이 등을 밀어준다

95cm X 60cm 스크린

마비정[18] 벽화

한적한 외딴 산골 유랑의 발길 머문 곳
밥 짓는 연기 피어올랐다
길고 긴 다랭이논밭 바라보며
거칠어진 손바닥 내려다본다
눈물 삼키며 버텨온 모진 세월

그 시절 되돌려 놓은 벽화 꽃이 피었다

슬픔을 안고 떠나야 할 비마(飛馬)는
하늘 처다 보며 눈물 삼키고
꼬부랑 돌담에 기댄 여린 아낙의
소담스러운 모퉁이에
그리운 향수 다시 피어오른다

물끄러미 바라본 고향집 풍경
상동 큰 어른 기침소리에
워낭소리 울려주는 어미소의 눈망울
귓전에 굴러오는 가슴소리
옛날로 되돌려준 그리움의 벽화
활짝 웃으며 새 손님맞이하고 있다

---

18) 마비정(馬飛亭) : 대구시 달성 화원의 본리리 마을 옛 지명, 옛날의 삶의 모습을 벽화로 재현시켜 놓은 마을.

의사도 아닌데 외 4편

이진수[19)]

미쿡서 오줌 누고 오마 하고는 금새
날아와 심장 좀 꼬메 달라네요

헤지고 구멍 나 아프고 쓰린 고통에
서 있을 힘조차 없다면서요

여기저기 꼬메다 보니 상처투성이
내 가슴도 조금 꼬메졌네요

요즘 참을 인이 없어 밥 먹듯 이혼해 아이는 늙은 엄마가 책임지네요

그저 피는 꽃이 있던가요 모친 세월
견뎠기에 향기 내는 것인데

지고 난 뒤 아쉬워 말고 활짝 피었을 때 사진 많이 담아 놓으세요

불경기를 안타며 잘되는 사업은요
추억 파는 사업이래요

---

19) 15기, 2017년 3월 등록, <문학창작예술> 등단

하늘에 구름도 늙으면 빗방울 되어
떨어지며 꽃망울은 맞아 멍울져

아름답던 그때가 그리워 바람에 몸을 싣고 추억 여행을 떠납니다

있을 때 웃어 주세요 떠난 뒤 헤진
가슴 꿰매 달라 말고요.

첫사랑

찔레꽃 담장너머 숨어 바라보는 짝사랑
꽃피운 능소화

우물가 발 씻는 너의 뒷모습 너머
붉은 분꽃이 웃고 있었다

툇마루에 앉아 글 읽는 고운 모습
하얀 무궁화 꽃이 피었다

어둠이 갈라놓았던 작은 가슴에
피고 지는 노란 달맞이 꽃

구름에 걸린 하얀 반온달에 눈물
꽃 화들짝 피었다 진 그날

장미꽃 필 때 돌아온다던 첫사랑
호박꽃 피어 웃고 있네

님의 침묵

적막을 깨뜨리며 떨어져 담기는
가슴에 빗방울 수

저 작은 심장 쉼없이 뛰는 맥박의
온도는 얼마나 될까

까만 밤 피어오르는 잠 못 드는
그리움은 어떤 색상일까

뒤척이다 새벽에 겨우 눈붙이는
가슴에 사연은

그리움인지 그리워하다
애태우는 기다림의 설렘인지

숨 고르며 뒤척이는 그대 모습에
마음 보일까 돌아눕는 그림자여

창문 밖에 빗물은
내 안에 눈물의 강처럼 흐르네

변비와 치매

꽃들은 웃어도 소리가 없고
새는 울어도 눈물이 없는데

권면하는 사랑 속에 말 못할
고통이 있음을 알았더라면

시간 돌려 비우게 하겠건만
되돌릴 수 없는 인생 시간표

비우지 못하여 생긴 가스에
정신줄 놓아버린 나의천사

많이 드셔야 건강해요, 라며
마음에 없는 빈말을 파낸다

내 마음 편하기 위한 효도만
하였지 진즉 필요한 변비는

없애주지 못한 외면한 사랑
막힌 것 뚫어줘도 효도인데

95cm X 60cm 스크린

고통을 파내다 한을 파내다
시간을 파내다 맞이한 어둠

부끄러워 눈짓만 보낸 구원
알아주지 못한 불효한 자식

울어 봐도 소용없는 서러운
사랑은 시퍼런 바다가 된다

민들레 홀씨

생각의 강을 건너 달려간다
황톳길 지나 아스팔트길에

민들레 홀씨 날아가고 난 뒤
홀로 서서 넋 놓고 보는 하늘

잃어버린 꿈을 찾다 논두렁
둑 무너져 물 마른 진흙탕에

미꾸라지 놀다 간 흔적 뒤져
책갈피에 끼우고 흙손 털며

눈웃음 부끄러운 고운 미소
빈 호주머니 뒤적이는 능청

손에 잡힌 추억하나 들추어
정지문 뜯어 바다에 노닌다

파도야 어쩐데 우리 떠난 뒤
파랗게 질려 숨넘어갔구나

그래도 흰 구름 내려와 놀며
옛 추억 시린 가슴 어루만져

살아 있었구나 하얗게 토한
설움모아 실바람 곁에 두고

너랑 나랑 입 맞출 때 날아간
민들레 홀씨 꽃 피우러 올까

불암산 불암사 외 4편

정일주[20]

창에 걸린 풍경화 감상으로 하루를 맞이한다

손에 잡힐 듯이 눈에 가까이 비쳐오는 불암산
승천하신 임금을 모시는 산으로 신성시한다는 불암산
송낙을 닮았다는 불암산
운무속에 비쳐오는 불암산

학창시절 낭만을 노래하던 불암산
중년에 사업번영 기원하던 불암사
노년은 가족 건강 기원하는 불암사
구름도 산새도 흥겨워 춤추는 불암산

소원성취 입시합격 기원하는 불암사
중생의 고뇌를 위로하는 불암사
백팔번뇌 바람이 구름에 실어가는 불암사
국태민안 기원하던 목탁도 잠든 불암사
하루 전시 끝내고 구름 덮고 잠든 불암사

불암산 불암사 불암산 불암사

---

20) 15기, 2017년 3월 등록, <문학시대> 수필 등단, <스토리문학> 시 등단

두 손을 합장하는 나에게
너는 네 실상을 아느냐며 부처가 웃고 있다

겨울 홍시

고향집 감나무에 매달린 홍시를 바라보니
홍시에 엄니의 모습이 비춰온다

버려진 홍시를 보면 얼마나 아까워할까
늦가을이면 아들 위에 장독에 숨겨놓던 홍시

나는 엄니 젖보다 홍시를 더 좋아했다
눈 내리는 긴 겨울밤 배고파 칭얼대면

엄니는 부엌을 지나 장독대로 나가
홍시 한 개를 들고 왔다

유아에 홍시는 보슬비였고
유년에 홍시는 이슬비였다

엄니의 젖을 부여잡고 쭈쭈 빨듯이
두 눈을 감고 빨아먹던 달콤한 홍시

젖이 부족해 덩치가 왜소하다며 아들을 걱정하던 엄니

겨울밤 홍시를 보면 엄니의 작은 가슴이 그리워진다

당구(撞球)

텔레비전 당구프로를 보니 학창시절이 떠오른다
60년대 당구장은 주로 대학가 주변에 있었다
동네 당구장은 건달이나 대학교오렌지족의 놀이터
결강하며 친구 따라 처음가본 당구에 맞들려
손목시계 학생증 책은 단골저당 품목으로 변하고
외상값은 청산도 못하고 군 입대를 했다
해병대 팔각모를 쓰고 나타나 미안하다는 말에
주인은 외상값을 묻지도 않고 저당 물품을 반환해주었다
건달이나 대학의 상류층 자제들이 즐기던 당구
이제는 국민스포츠로 발전하고 프로당구도 출범
연봉 받고 상금 걸고 경기하는 시절이 오리라 꿈에도 생각 못 했다
가족스포츠에 실버에게는 침해를 예방해준다는 국민스포츠
학창시절 눈감으면 천정에서 굴러다니던 넷 개의 당구공
용돈에 발목 잡혀 당구장 출입을 금했다
뭐든지 한 가지만 잘하면 성공하는 시대
스포츠가 대한민국 위상을 전 세계에 떨치고 있는데
둥글게 구르는 공을 바라보니 정치인의 모습이 비쳐

온다

정치도 스포츠를 닮으라며 공으로 위정자를 노린다

스포츠를 닮은 신선한 정치를 보고 싶다

가방 일기

학창시절 가방 검사

정비석의 자유부인
현진건의 「B사감과 러브레터」

담임의 훈계에 소설 쓰겠다고 하자
머리가 영글지도 않은 녀석이
알로까졌다며 나무랐다

"글도 가방끈이 길어야 쓰는 거야"

청춘에 글 쓰면 배고프다는 말에
비즈니스 가방 들고 출근했다

중년에 옛 꿈이 그리워
늦깎이로 시 농사를 시작했다

별밭에 시어(詩語)를 뿌리고
달빛에 시어를 가꾸며
풍년 농사를 기원하지만
여러 해 지나도 시어는

발아(發芽)할 기미도 없다

얼마나 더 비바람이 스쳐야 시어가 발아할까?

엄마는 뙤약볕에서 호미 들고
잡초와 씨름하다 짧은 생을 마감하고
나는 밤마다 시 밭에서 시어를 캐다
생을 마감할까 두렵다

걱정

니는 결혼한 지 몇 년 됐노?
6년 되었어요.
그라 먼 잠자리는 따로 하나?
함께 자요

잠만 함께 자먼 뭐 하노?
무슨 말씀이세요?
손녀 사위 고자 아이가?
힘이 장사예요

할미는 잠자리 허먼 알라가 생기드라
아~ 그래서 아버지 형제가 9남매

ㅋㅋㅋㅋㅋ

와, 웃노?
힘드셨겠어요?

그런 자미로 사는 거 아인가
키우기 힘들어 안 낳기로 했어요
그라 먼 뭔 재미로 사노?

개 2마리 키우잖아요

뭐라꼬? 사돈댁 대 끊겨 우짜노?
할머니 세상이 변했어요
세상이 변했다꼬?

그라 먼 나중엔 개판 세상 아인가?

신라에 다녀오다 외 4편

최예은[21]

3월 살얼음의 찬바람이 칠부능선을 넘어간다
태백산맥 줄기 따라 토함산의 정기는 간지럼을 타고
얼음꽃으로 촘촘히 박혀있는 신라 천년고도의 숨결이 나를 에워싼다

동해 앞바다 봉길리 조그마한 바위섬
대왕암에 수장된 문무왕은 하늘로 승천하지 않았다
용이 되어 수천 년 간 수문을 열어 소금포대 방파제로 담을 쌓고
창과 방패로 군사들과 맹렬이 싸워 영웅이 되었다

희뿌연 운무 속에 깊은 바다와 산천초목을 뒤흔들고
용맹한 용의 호령에 백성의 함성은 드높아진다
들판을 가로지르는 혼불은 진달래의 붉은 봄으로 당도했다
나는 감은사지 장엄한 3층 석탑 계단을 오른다
황량하고 넓은 고궁의 근엄한 충절위상이 허공을 맴돈다

그의 호국기상은 죽어서도 천지도 감흥케 했다

21) 15기, 2017년 3월 등록, <대한문학세계> 등단

경주는 천 년 동안 문무왕의 은혜를 상속받고 있다

나도 문무왕에게 백성의 안위와 평화를 위한 상소문을 올려본다

멀티방 카페

생의 굴레를 벗어나고 싶은 날 아들은 자연스레 그에게로 향한다
그는 내가 케어해주지 못하는 신통한 비방이 있다
뜨끈한 아랫목을 내어주며 슬픔과 아픔을 내 맡길 때
비타민 같은 활력은 백신처럼 예방 접종된다
그의 독방에는 부엉이 한 마리가 어둠 속에서 눈을 감고
잠잠히 감정을 조율하다 세상을 가늠한다

그에게는 특별한 무한한 포용력이 있다
그곳에는 규칙과 도덕도 필요 없으며 가식적인 옷을 내던지고
음악과 가사에 따라 영혼을 뜨겁게 불 싸지르면 그만이다
한 가지 팁으로는 탬버린이 템포에 발을 맞춘다
스피커에 폭음이 콰아앙 쏟아지는 대로
스포트라이트의 현란한 불빛들은 공중으로 퍼진다

그의 매력은 댄스에 팝송에 트로트 등
여러 음악 장르를 섭렵하는 절대적 음악가를 갖췄다
리모컨이 눌러질 때마다 그의 몸에서 잠자고 있던

음률과 가사들이 누런 세월을 뜨개질하다 토악질을
해댄다

일탈을 꿈꾸는 삶
거친 세상 밖으로 내몰았던 어린 양이 주저앉아 있다
마이크를 잡고 목청껏 부르는 탱탱한 볼살 위로
독소가 되새김질하며 빠져나가고 있다

좌우 공존의 법칙

1.
대립하여 우선권이 주어진 우성진화론이 있다
친화적인 시스템은 오른손잡이가 정당화되었다
대강의실 팔을 받쳐주는 책상의자도 오른쪽이다
가위도 오른손잡이의 용도로 설계되었다
컴퓨터 마우스와 카메라도 오른쪽이다
학교에서도 무조건 우측통행이다
대중교통과 지하철 이용도 우측이다
정수기 사용할 때도 오른쪽이다
그 세계를 점령하는 오른손잡이를 위한 문패들이 즐비하다
세상에 15%밖에 존재하지 않는다는 왼손잡이들이 있다
그들은 표면에 두드러지게 현재에 직면한다
세상은 늘 업그레이드되지만 다수를 위한 것일까
변방으로 밀려나 유배당하는 나는 왼손잡이다

2.
일상생활에도 우측과 좌측이 있다
방위로 말하는 양과 음 동쪽과 서쪽이 있다
지구는 해가 뜨는 동쪽과 해 지는 서쪽이다
예절에 따라 남좌여우 또는 남동여서가 있다
결혼식에서는 남자가 좌측 신부는 우측이다

제사를 지낼 때도 어동육서 홍동백서가 있다
산 사람은 동쪽이며 죽은 사람은 서쪽이다
주인과 손님 관계에서는 주동객서라 한다

자동차 운전대도 왼손잡이용이다
냉장고 문도 왼손잡이용이다
과학과 문명의 틀에 짜여진 우측과 좌측의 상관관계다

오래전부터 전해 내려오는 본질의 기준에 따른다
때로는 부정하지도 않고 각성하지도 않는다
아날로그처럼 그 본성은 박제되어 살면서
전설처럼 마주치는 순간들이다

엄지척에 가려진 척

사노라면 뿌리칠 수 없는 우월의 심리가 있다
미움을 대가로 최강을 이루는 잘난 박사들이다
아는 척 잘난 척 척 자랑이다
관심을 이끌며 주도하는 척쟁이다
그들은 주위의 아킬레스건을 밟고 올라선다
피드백이 쌓일수록 속수무책이다

그들의 명분은 최고의 나르시시즘이다
명목 없는 비애와 슬픔을 세상의 중심에 놓으려 한다
이기심은 자아도취에 빠져드는 속물근성에 기인한다
그러나 세상은 그들에게 휘둘리지 않는다

곱씹을수록 알미움이 듬성듬성 자란다
편애의 귀퉁이에서 엄지척을 먹고 자란
그들은 비호감으로 분류된다

창업 준비 중

생의 능선 따라 48세의 헐거워진 내가 있다
축제의 폭죽이 터지듯 장밋빛 생을 그려본 적도 있다
세월의 설움에 움켜쥔 단편들은 못난 개떡이었다
엎어지고 차이고 삐걱거리던 착색된 시간은
고독과 허무가 도사리고 있었다

산란하던 나의 언어들과 발자국을 헤아려 본다
맞춤형 인생 콘텐츠를 설계한다
찢긴 상처 위에 봉제선 따라 촘촘히 박음질한다
인생의 좌표와 적도의 중심에 붉은 깃발을 세운다
연륜과 내공의 깊이와 유연함으로 숙성시킨다
생의 굴절된 형상 없이 전환점을 만든다
과유불급은 금기로 한다
꿋꿋한 의지와 노력으로 소망을 향해 걸어간다

어느 날 세월의 형벌 앞에
삶의 정강이가 튼튼해진 꽃을 피우던 그날
회귀본능 삶의 이유는 언어와 문장으로 승화시킨다
내 영혼을 지탱해준 단단한 믿음은 두려움이 없다
인생을 탐구하고 스킬하며 채워나간다
나는 지금 평생 시를 팔아먹을 수 있는 가계를 창업
준비 중이다

미움 속에 인연 외 4편

김면희[22)]

세월 속에 엮어
지난 흔적처럼
살아가면서 조그마한 말 때문에
하찮은 일이 걸림돌이 되어
삶 속에 후회 된다면

내 삶속에 소망이 사라지고
허탈하여 가슴을 멍하게 하여
그녀 마음속에
얼룩으로 남는다

양보와 이해가 기다린다면
미움이 사라질까
허기진 마음 고통 속에
헤매고 있는 심정

언제나 뒤뜰에 숨겨진
그림자뿐이었는데
떨어져 버릴 수 있을까

---

22) 14기, 2016년 9월 등록, <수필춘추> 수필 등단, 스토리문학 시등단, 시집 『달력의 이면』

>

내 몫을 지고 간다는 것이 힘들다
넓은 마음으로 받아줄 수밖에
너를 위해 너만을 위해

고요한 밤

하늘가에 붉은 달빛 조용한 밤
어둠의 캄캄한 창가에
얼룩진 입김이 밝은 달을 그리고
일기장 넘기는 소리
기나긴 밤이 꿈속으로 떠밀려 간다

높은 하늘 바라볼 때마다
가려진 듯 멀고도 먼 곳
내 생명준 고향 땅 내 가슴 속에 기어들어

동지선달 긴긴밤 달빛으로
내 그림자를 바라보며
지난 세월 돌아보는 시간

또 하루가 지나간다
언젠가는 구원 열차 타고
하늘나라 향해 무조건 걸어가야 하는 인생
욕심 버리고 내 위치에서
만족하며 살 것이다

시인

땀방울이 핏방울 되기까지
진실과 노력으로 얻어진 글이
한 편의 시다
시 한 편 쓰기가 산고의 고통과
같다는 말이 이해된다

시 줄거리를 찾지 못해 헤매든 미로
꿈속에서 끌어당기는 빛
시는 내 생각이 아니고
상상 속에 방울방울 맺혀
떨어지는 아침 이슬

꿈속에서 바라본다
새벽길에 발견했다 새벽엔
지혜가 떠오른다

힘든 사연 아픈 사연 모두 엮어
한 편의 작품이
내 마음을 울리며 늘 꺼지지
않도록 발등의 등불이 돼야 한다
늘 생각하고 너를 불러야 한다

장맛비

여름에 오는 비는
장마라고 불러야 하나

더위 속에 숨통을 터주는 빗줄기
합창으로 울부짖는 소리에
단잠에서 깨어

창문을 여니 빗속에 흘러 다니고
생각들이 방안 가득 밀려들어온다
끝내 너희에게 포위되어버렸다

내 생각만이 온통 방 안에 떠 다녀
생각을 보내려고 창문을 열었더니
내 생각들이 오히려 밀고 들어왔다

나뭇잎에 방울진 빗방울
내 손에 옮겼더니
어디론가 물결이 되어 흘러간다

삶속에서 숱하게 만나고
장맛비 오늘도 맞고 있다

꿈속에서 별님

구름 속에 잠든 밤하늘
반짝이는 별빛
사랑한 그대 그리움이
눈에 빛이 된다

별빛에 눈을 맞춘다 해도
적막한 밤 잠 못 이루어
간밤을 지새운다

기다리는 구름 속에
그 너머에서 애타는 그리움으로

새벽이 찾아오면
그대 가슴에 안기고 싶다
푸른 하늘 초롱초롱 빛나는
별들 꿈속에서 만나고 싶다

긴 밤을 그리며
간절한 마음으로
기도 속에 잠이 든다

안개눈 외 4편

천영필[23)]

어스럼 달빛 따라 걷는 길에
만난 친구

골바람이 세차게 밀어 올리는
계곡 길에

가쁜 숨 몰아쉬며
새벽을 올랐다

안개가 눈이 되어
천지간에 하얗게 울고 있었다

---

23) 13기, 2017년 3월 등록, 계간 <스토리문학> 등단

세월아이

세월은 옵니다
어제도 오고
오늘도 오고
내일도 오고
또 옵니다

아이로
주인으로

세월은
아이가 밀고 오는 것

詩와 隋筆

시는 은유(隱喩)다
살짝 가려서
'아하' 하고 깨우치게 한다

수필은 사유(思惟)의 산책(散策)이다
떠오르는 생각의 편린(片鱗)을 모은다
한가하고 자유롭다

시는 운율과 감동의 노래다
수필은 실타래를 꾸리로 정리하는
과정, 힐링이다

그러나 비판하지 마라
사나워지는 마음을 어찌하랴

진무하고 격려하고 감동시켜라
시선(詩仙)은 아니어도
인간적인 사랑으로…

 · 95cm X 60cm 스크린

바람차

땀땀이 맺힌 이마에
시원한 바람 한소끔
뱀사골 넘어온 바람이
상큼하게 맛있다

앨른와츠의 별

하늘을 바라보며 아빠라고 외쳐본다
"아빠~"
가장 가벼운 원소인 수소로 가득 찬 초창기 우주는
중력으로 인해 수소 먼지들이 서로 뭉치고 부딪히며 열을 냈는데
그 온도가 일정 치를 넘자
수소 원자 4개가 뭉쳐 헬륨 원자 1개로 변했다
조금 더 무거워진 원소가 탄생한 것이다
이렇게 가벼운 원자가 무거운 원자로
바뀔 때는 항상 질량이 조금씩 손실되는데
이 손실된 질량은 에너지로 바뀌어 열과 빛을 낸다

이렇게 빛을 내는 먼지 덩어리를 별이라 한다
별은 가벼운 원자를 무거운 원자로 만드는 용광로
무거운 원자를 만들며 열심히 사는
별도 어마어마한 질량에 가해지는
중력의 힘을 이기지 못하고
결국 안으로 무너져 죽게 된다

우리 태양보다 여덟 배나 더 큰 별이 중력을 이기지 못하고 단 15초 만에 훅 하고 무너져 버릴 때 발생하는

엄청난 충격은 강력한 폭발로 우주에 흔적을 남기는데

그 파워
이 죽은 별 한 개가 폭발할 때 나오는 빛이
은하 한 개에 있는 모든 별의 빛을 합친 것과 같다

수명을 다한 별은
이렇게 폭발과 함께 마지막 빛을 한껏 내고 작렬하게 사라진다
이 별의 마지막 폭발을 초신성, 퍼노바라고 한다

원자를 열심히 만들던 별은
수명을 마치면서 폭발과 함께
자신이 만들던 무거운 원자를 멀리 우주에 흩뿌려 버린다

이렇게 흩뿌려진 원자는
중력으로 인해 다시 뭉치고 부딪히며
또 다른 별이 되고
그 별은 또다시 더욱 무거운 원자를 만든다

죽었다가 태어나기를 반복하는 별은
귀여운 아기별이 되기도 하고
푸른빛이 흐르는 지구별이 되기도 하고
때로는 살아 숨 쉬는 생명체가 되기도 한다

우리는 별의 자식이다
모든 생명체의 필수 원소로 불리는 CHNOPS
탄소 수소 질소 산소 인 황 중에서
인간이라는 생명체의 96.2%는
딱 네 개의 원소로 이루어져 있다
C H N O - 탄소 수소 질소 산소
우리는 별가루로 만들어진 별의 자식이다

그대를 만든 별
나를 만든 별
서로 다른 별
그리고 우리의 왼 손을 만든 별
오른 손을 만든 별도
서로 다른 별
하지만 확실하게 말 할 수 있는 건
우리들 자체가 바로 우주라는 것

앨른와츠는 이렇게 말한다
"우리의 눈을 통해
우주는 우주를 바라보고
우리의 귀를 통해
우주는 우주를 듣는다

우리는 우주가 우주 자신의 장엄함을

인지할 수 있게 해주는 관찰자들이다

우리는 우주다
별의 죽음으로 태어나
과학이라는 도구를 이용해
우주를 관찰하고 상상하며
내가 어디에서 왔고
이 세상은 무엇이고
나는 이제 어디로 가는 지를
생각하는 우주!" 24)

24) 출처 1분 과학 유튜브 : 우주의 빈 공간에서 발견한 것

불행한 질주 외 4편

유정미[25)]

흙먼지 뿌리며
무엇을 위해 달리는지
목표도 시궁창에 던지고
남을 치고받고
상처를 내며 질주한다
살쾡이 눈빛에
비악거리는 입술
타인을 걷어차며
자기 자신도 잃어버린다
이정표도 스쳐 지나가고
앞만 보고 질주하니
그 인생이 벼락 맞은
소나무보다 더 가엽다

---

25) 13기, 2017년 3월 등록, <현대시선> 등단, 시집 『그대 그림자에 그리움을 새기고』 외 저서 다수

어리석은 자

뿌리가 깊은 나무에 기대
정사를 논하지 않고
벌거벗은 몸으로
가냘픈 나무 가지에
겹쳐 누워
정사를 나누니
죽을 수밖에

누구를 탓하지 말고
원망하지 말라
온 세상이 비방해도
너의 몸 탓이라

강한 바람이 불어도
흔들리지 않는 토대 위에
다시 머리를 모아 세우라

침묵하는 자의 고통

사람과의 관계성이
산 넘어 산인지 나는 몰랐다
산천이 산고의 고통을 수없이 넘는 동안
인품을 두른 자들과
신의의 눈빛으로
해바라기의 미소로
땀방울을 뿌려주며
봄빛을 문 수선화처럼 맑게 피었다

빌딩에 담긴 장미도
산비탈에 낀 들국화도 아파하는 것이 싫었다
한울타리에서 행복의 꽃이 피기를 바랬다
거친 태풍이 몰아쳐도
침묵의 두루마기로
장미도 들국화도 품었다
침묵 끝에 말벌이 가시가 되어
내 심장을 찔렀다
너무 아파 붉은 피가 엉엉 울었다
가시는 거침없이 화산을 타고 쏟아져
내 몸을 뜨겁게 달구었다

불덩이 가시가 이리저리 구르면서
장미도 태우고
들국화도 재로 만든다
검은 꽃만이 뒹굴며 손뼉 치겠지
침묵하는 바보는 그 꼴을 볼 수가 없다
가시 불을 맞고도 말이 번져
이리저리 태울 까봐
오늘도 슬픈 사슴처럼 웃고 있다.

문득

사람을 이해한다는 것이
바람결을 풀어놓은 것보다 더 어렵다
보고픔에 날갯짓하며
지샌 밤이 어디로 갔단 말인가
한 가닥의 선을 통해
파도가 흩어지듯이 물거품이 되었다
달님은 누구이며
별님은 누구인가
화초를 흔들어 놓고
그 많은 생각의 갈래를 하나로 묶더니
하나 둘 바람꽃처럼 자취를 감춘다
잠시 형체도 못 느끼는 것이
무엇이 그리 슬픈가
엉키는 매듭은 그냥 두련다
신만은 알고 있겠지
저 크나큰 하늘을 향해
힘없이 쳐다본다

 · 95cm X 60cm 스크린

슬픔의 눈빛

쫓기고 쫓는 삶의 동굴
그 아픔과 고통을
누가 달래줄까
달려도 잡히는 손
떨어지는 눈물이
한강이 되어
남한강을 타고 흐른다

소스라치는 분노
역겨운 고통
약한 자의 몸부림
그 이름에 놀라
눈빛이 울고 있다

어찌 이리도 아픈가
임의 아픔에
단련된 마음도
오늘따라 더 깊게
새벽을 깨운다

시간을 굽는 카페 외 4편

이혜수[26)]

보이시한 목소리가 오르간 위를 훔치며 걷고 있어

고소한 와플 향기가 커피향을 덮쳤고
비가 내려서일까 눅눅함이 나쁘지 않아

꺼져있는 페치카가 왠지 우울해 보이고 낡은 잡지들이 오래된 기억을 들추고 있어

벽화 위로 낡은 시계바늘이 살아있는 증인처럼 거꾸로 돌고 있어

오래된 탁자 위에 놓인 뜨거운 찻잔만이
정직한 현실의 공간을 말하고 있어

와플 위 올려진 달콤함은 텁텁한 입안을 녹여줬고
접시의 바닥이 보일수록 아이의 웃음소리는 커졌어

이젠 돌아와

---

26) 11기, 2016년 3월 등록, 현재 과대표, 계간 <스토리문학> 등단, 시집 『발목에 사는 소』

느긋하게 비를 맞지만 그냥 여기까지 온 게
아니란 걸 알아
충분히 데우고 익힐 시간의 강을 건너왔다는 걸

창 넘어로 피어오르는 연기는 무엇을 굽고 있어
저리 아름다울까

우물을 파는 영혼

달빛이 그림자를 걷어내고 안으로 들어오는 밤에는 하소연을 했지
높은 벽만큼이나 깊이를 알 수 없어 오를 수없다는 걸 알고 포기했지
오래 머물러 있다 보니 썩는 줄도 모르고 지독한 냄새도 익숙했지
이 어둠을 말아 데려가 주렴
아무도 모르게 밤하늘을 비행하는 새가 될 수 있도록 말이지
숨을 쉴 수 없이 건조한 바닥은 이름도 잊은 채 울고 있는데 별이 웃었지
언제 날아 들어왔나 꽃잎들은 향기마저 잃고 널브러져 있지
그래도 허락 없이 찾아온 이방인들이 오늘밤은 왜 이리 반가운지 예전엔 몰랐지
성의 유곽이 드러날수록 나를 가두는 건 새벽의 장난이었지
닭이 울고 개가 짖어대면 나는 다시 어둠 속으로 빠져들지

오늘밤 달빛이 찾아오면 일어날 거야

마르지 않을 내 안의 샘을 파기 위해서

그녀의 집

그녀의 세포를 깨우는 건 새벽마다 찾아오는 불청객들이다
그들 노래의 눈이 열리고 귀가 열리고 하루가 열린다

안개가 강을 끌어안고 안개꽃은 들판을 점령했다
새들은 물 위를 배회하고 나비는 꽃들을 더듬는다

낮은 담장을 넘어 틈만 주면 텃밭을 약탈하는 넝쿨들로 오늘도 그녀는 지루하지 않다

태양은 살랑대는 잎들 사이로 쏟아져 내리고
비들의 행방은 오리무중이어도 개망초는 웃고 있다

노을은 테라스 저녁을 와인 빛으로 물들이고
머리를 틀어 올린 여인의 풍성한 식탁이 섹시하다

긴 밤을 주체하지 못해 내뿜는 사내의 한숨소리
매달린 별만큼이나 수없이 내뱉는 그녀의 푸념소리

느리게 천천히 시작하고 내려놓는 곳

거부하지 않는 마음의 무위가 보이는 곳

그들은 늘 그녀 곁에서 피고지기를 반복한다

그들의 사랑은 끊임없는 삶의 의욕이고
그들을 사랑할 수 있는 그녀는 지금 행복하다

구름의 재고

우르릉 쾅
그의 광고가 요란하다
재고가 마지막 소진될 때까지 세일합니다
상처 입은 마음 막걸리 한 잔이 죽도록 생각나는 사람 환영합니다
마르고 갈라져 촛점을 잃은 영혼은 더 환영합니다
촉촉한 가슴으로 같이 울어줄 사람 꼭 필요합니다
미리미리 구입해서 저장해 두셔야 좋을 겁니다
사나흘을 걸쳐 폭풍처럼 팔고 있는 앙은 언제쯤 바닥을 드러낼 건가
흐르는 것에 맡겨두자
빗줄기의 유혹을 받아들이고 뛰쳐나가 흠뻑 적시자
도라지꽃도 온몸으로 받아들인다

목이 차올라 헐떡이는 건 강둑에 목줄 걸린 나룻배

밤이 오길 기다린다

거칠고 사나운 그의 마지막 발악을 즐기며 가장 길고도 아름다운 샤워를 해야겠지

붉은 바다

젖어있는 허공을 채우는 울음
석양은 쪽빛을 삼켜버렸고
바람도 필경 흠뻑 젖어있을 거야

물 위를 걷지도 날지도 못하면
수평선 끝까지 징검다리를 놓고
무엇도 걸치지 않고 건너갈 거야

거기에는
야자수가 있고
에메랄드 호수도
무성한 숲도 있겠지

노을을 품은 바다는 울음을 그치고
성난 파도는 보이지 않았어
새들도 고래의 노래도 들리지 않아

나는
그리움의 실체를 찾아 붉은 바다를 건너갈 거야

3부

밤꽃 외 4편

박미향[27)]

가슴이 설레이며 두근두근
사랑스런 네비게이션을 안주 삼아 조잘조잘
묵은 찌꺼기까지 다 꺼낸다
소주를 마시고 다리 부러진 이야기
약초 산행에 푹 빠진 이바구
싱그런 살구나무 아래 서서
동심의 나래에 어깨가 으쓱

공주 밤꽃의 향기가 흐르는
사타구니 속에 퀴퀴함까지 달려든다
사방에 널브러진 밤꽃의 함성

그리움 한 자락 담으려
몸을 실어 달려본 하루
내 나이가 어때서 노래 속으로 빠진다
아홉 공주의 사랑이 꽃 피었다

---

27) 10기, 2015년 9월 등록, <대한문학세계> 등단

두부

노란 쥐눈이콩을 보면 생각난다
어머니와 마주 앉아 맷돌을 잡는다
겨울이면 시린 손 호호 불며
두 손을 마주 잡고 퉁퉁 불은 콩
윗돌 아가리에 콩을 집어넣어 돌리면
돌 사이에서 흐르는 하얀 콩의 눈물
분주하신 어머니 모습이 그립다

아버진 날마다 노름에 빠져
노름방을 다니며 돈 타령만 하셨다
어머님은 아버지 몫까지 두 몫이시다

아궁이에 불을 지펴 하얀 콩 눈물을
끓여 내신 어머니
먼 나라 가신 그곳은 편하신가
어머니가 그리운 날이면
하얀 콩 눈물로 만들어 주신
어머니 사랑이 가득한 두부가 먹고 싶다

칠월을 보내며

향기로 가득한 칠월의 끝
칡꽃의 아름다운 시간과 함께
달려 나온 불볕더위
너도 나도 더위 잊으려 발버둥친다
가족을 앞세운 피서지는 난장판
한철 메뚜기로 변장을 한다

그리움이 한 움큼 솟아오른다
어머니 생각하면서 추억 속으로
언제인가 광양 백운산 계곡
여수 오동도 그 시간만큼은
행복하신 어머니 모습이 그려진다

8월이 오면 꼭 한 번 가고 싶은 곳
막내 동생이 사는 먼 나라 몽골
넓은 광야를 달리며 외치고 싶다
때를 기다리며 올 여름도 방콕이다
내 포도청이 부를 때까지

선운사

송악의 푸르름에 젖어
파란 꽃무릇의 정결한 멋
오색 물결이 품에 안겨들었다
환호성의 메아리가 두 귀에 박혀
가슴 시린 추억의 소야곡
그대의 숨소리조차도 잊었던 시간
먼 훗날 그리움의 그대를 그린다
종소리 뒤에 울리는 동백의 고뇌
추억을 삼켜버린 하루

산야초

산등성이 넘어 봉긋하고 붉게 떠오르는 햇살
이른 새벽이면 산으로 발길 재촉해
진흙 속에 버려진 진주를 찾으러 산으로 간다
산이 있어서 살아가는 맛을 아는 사람
모든 산약초의 신
산삼 하수오 도라지 더덕
피부에 좋다는 지치까지
절벽의 멋진 스릴러에 발을 내 던지며
달빛을 벗 삼아 산으로 향하는 당신
야생에 취해버린 젊은 날이 있어
하루하루 삶의 행복이고 멋이로다
심봤다

 : 95cm X 60cm 스크린

아집(我執) 외 4편

신명수[28)]

세상에 가장 큰 집
견고한 성
보이는 것만 존재하는 그 집
내가 살던 아름다운 집인 줄 알았다
빨간색 립스틱을 바른 미쓰 위
깊게 파인 드레스의 미쎄스 선
헤픈 웃음만이 남아 있는 집구석
한 번도 퇴락하지 않던 친구조차 살수 없었나 보다

이제 덩그러니 나 홀로 살고 있다
이웃한 스러져가던 초가집에서 인기척이 난다
두문부출하던 고집(固執)이 괜스레 헛기침을 하며 지
나간다

---

28) 10기, 2015년 9월, 계간 <스토리문학> 등단

똠방각하

모두가 경외의 눈길을 주지만
부러움의 대상에서 멀어진다
한 번도 그리 되리라 생각해본 적 없지만
결코 그 자리에 머물지 않던 우직한 순백의 하늘
햇볕에 그을리고 바람에 깎여 흔적 없이 사라진다
오늘도 그는 만사 제쳐두고
국민의 행복과 안위를 위해 볼품없는 누각을 쌓기에
바쁘다
저마다 마음 속 깊은 구중궁궐에 그를 모시고 산다

간첩의 소멸

한때 007 제임스본드가 우상이었다
그가 가진 모든 것을 숭배했다

꿀벅지 아스라이 걸친 검정색 가터벨트의 여인
날렵한 구닥다리 권총과 최첨단의 가젯의 기이한 취향
출처를 알 수 없는 어마어마한 세탁된 용돈
측정불가 지능과 감성지수를 겸비한 양수겸장의 달인

잔인한 죽음마저도 멋진 흑장미로 변신시키는 탁월
한 연출력
카사노바도 부러워한 마성의 바람둥이
국가권력마저도 굴복시키는 그의 카리스마

스마트 폰이 창궐하자 모두로부터 버림받는다
개 버릇 남 못 주며 무지갯빛 고왔던 그
홍콩 뒷골목 노숙자가 되었다는 소문이 자자하다

업사이클링

썩은 지식의 악취
녹이 슨 지혜의 소음
추락하는 노블레스 오블리주의 천박함
알량한 학식이 광란의 춤사위를 이어가고
타락한 법전이 망가진 저울에 애처롭게 매달려있다
비열한 지성이 식은땀을 흘리고
먹을 것을 토해내며 끊임없는 배고픔을 배설한다
미끼를 색깔로 인식하고
피아 식별은 소리에 의존하는 신인류의 탄생
보다 진보된 사회로 가기 위한 기괴한 말잔치의 변이
퇴보를 막기 위한 단발마의 울부짖음
여전히 구석기시대를 살고 있는 개미 한 마리
제 몸집보다 큰 나비 한 마리를 머리에 이고 요단강
을 건너고 있다

神관료주의

그녀는 나를 돼먹지 않은 빨갱이의 자손이거나 신사대주의 일가친척이거나
오지랖 넓은 부스러기와 같은 삶의 현장에서
보이지 않는 완장을 차고 주어진 본분을 잊은 역량미달 시민으로 치부한다
간혹 시커먼 매연을 뿜고 다니는 낡은 디젤자동차이거나
얼리아답터의 실수로 고른 작고 볼품없는 전기자동차쯤으로 여긴다
그래서 그녀는 뒤꽁무니를 흘겨보는 듯한
그야말로 세련되지 못한 사팔뜨기 눈을 늘 하고 다닌다

그것뿐만이 아니다
일자리와 수출이 잘 안되어도
치솟는 물가와 집값이 천정부지로 뛰어도
주식이 폭락하고 사교육비가 제 몸집을 불려도
출산율과 노인자살율이 세계 최고가 되어도
모두가 내 탓이라며 2% 부족한 게으른 국민으로 몰래 낙인찍는다

그렇다고 그녀가 인문학에 조예가 깊은 것도 아니다

홍길동과 심청이가 바람나서 놀부를 낳았다거나
온달장군과 뺑덕어멈이 친자관계에 있다던가
자본주의의 뻔뻔함과 민주주의의 방탕함을 혼동하여
두서없고 전후관계가 없는 궤변의 달인이 된지 오래다

그녀는 우리가 왜 외환위기 때 코 묻은 돌 반지를 소주 한 잔에 털어 넣었는지
2002 월드컵 때 목 놓아 울부짖던 오! 필승 코리아!
그 굵주린 빨간색의 열정의 의미를 알지 못한다
21세기를 향한 멋들어진 의상에 한글을 입히고
국가와 세대를 꿰뚫고 지나가는 감성의 DNA를 지닌 배달의 민족임을 모른다
그녀는 여전히 20세기 구닥다리 이데올로기 곰방대를 물고
싸구려 치마폭이나 들추던 기생오라비의 사생아임을 망각하고 있다

내일은 중국 발 대륙의 실수 초미세먼지가 서풍을 타고
한반도를 뒤덮는다고 한다
그녀의 치켜 올린 눈꼬리가 또 내 뒤통수를 향할 것임에 틀림없다
살짝 뿌리고 간 황사먼지에 얼룩진 차량에 시동을 건다
싸구려 주유소에서 사은품으로 건네준 짝퉁 미세먼지마스크를 쓰고
좌회전 깜빡이가 어울릴지 우회전 깜빡이가 예쁠지

쓸데없는 고민을 하는 순간, 나에게
동네 까치가 오랜만에 똥세례를 하고 간다

* 정겸의 「공무원」을 패러디하다

수련 외 4편

임 진 이[29)]

가녀린 연민으로 다가와
어설픈 사랑이 시작되고
무관심 속 관심처럼
불어나는 사랑의 부피로
세상 허물 살뜰히 덮어주며
천상에 女人인 듯
붓다의 미소인 듯
천년을 피고도 남을
넉넉하고 온화한 사랑

---

29) 10기, 2015년 9월 등록, 월간 <한맥문학> 시 등단, 계간 <스토리문학> 수필 등단

歸心

녹음처럼 짙은 그리움
잿빛 자락 무거운 날
기억 속 옛 여인
불현듯 그리워
승복 차림 맨발로
행여, 그리운 이 만날까
번민이 흐르는 강가
무겁게 내려앉은 어깨 위로
서럽게 떠난 여인 뒷모습 아련하고
황혼 빛 쏟아지는 저녁
둥지가 어디인가
사방천지 둘러봐도 갈 곳 없어
천연덕스럽게 흐르는
애꿎은 세월 즈려밟고
시름 짓는 나그네 마음

8월愛

태양이 폭발하는 8월에는
촉촉이 가슴 적시는
애틋한 사랑이 그립다
한적하고 후미진 호수에
한 줌 흘리고 간, 바람 자락
조용히 파문 일으킬 때
한 줄기 소나기 같은 사람 앞에
무거운 상념 내려놓고
지친 영혼 뉘이고 싶다
꾸역꾸역 치닫던 녹음도 지쳐버려
무겁게 침묵하는 팔월에는
한 줄기 바람으로 그대에게 가고 싶다

물 먹은 달

저 여인의 은밀한 곳을
누가 보았다 하는가

천기누설 두렵지 않은가
어찌 다 보았다 하는가

밤을 적시는 고독
방울방울 가득 머금고
월경하는 저 여자가

깊고 고적한 밤
비늘처럼 옷 벗는 것을
누가 다 보았다 하는가

꿈꾸는 자작나무

눈부신 태양 머리에 이고
자작자작 산길 따라 걸어가는 길

휘파람새 숨어든 속삭이는 숲에
찰랑이는 햇살이
별빛으로 쪼개진다

차르르 차르르…

푸른 잎사귀 바람을 가르고
산안개 사로잡힌 이방인
숲의 요정과 사랑을 꿈꾸며
세월을 벗듯 비단 옷 벗는다

사랑해…

꿈결로 들리는 달콤한 속삭임
나는 사랑의 세레나데를 부르고
너는 어느새 내 연인이 되어

 · 95cm X 60cm 스크린

가장 깊숙한 곳까지 들어와 안긴다

틈은 살아있다 외 4편

한성춘30)

틈은 살아있다
바람이 들락거리는 돌담장의 틈
새들이 들락거리는 하늘의 틈
물고기가 들락거리는 바다의 틈

틈은 살아있다
야생화 향기 들락거리는 휴전선의 틈
파도소리 들락거리는 수평선의 틈
우리아파트 층간 소음이 마음대로 들락거리는 층간의 틈

아직 따지 않은 소주병에도 틈은 살아있다
평생을 같이 살아온
아내와 나의 영원히 메워지지 않는 틈도 살아있다
앞서간 순간과 뒤따르는 순간 사이 찰나의 틈도 살아있다

틈이 틈을 데리고 틈을 지난다
틈은 틈을 낳는다

30) 10기, 2015년 9월 등록, 계간 <스토리문학> 등단, 시집 『해바라기 시창작법』

평생 틈이라면 메꾸는 것으로만 알았던
빈틈 없던 그
틈을 틈대로 내버려 두었다
틈이 숨을 쉬기 시작했다
틈이 살아났다
그가 살아났다

여인 3대의 전설

꾸불꾸불
논두렁 지나고 산길 돌아 올라
어머니 산소 앞에 무릎 꿇는다
투박한 손 꾸부정한 허리로
갓 결혼한 손자부부를 맞으시는 어머니
저 아래 있는 너희 엄마도 꼭 보고 가거라 하신다

어머니도 시집오셨을 땐
손자며느리처럼 젊고 예쁘셨지요, 하고 내가 물으니
밝고 예쁘게 웃으신다
내가 며느리 봤을 땐
며느리가 나보다 이뻤는데
오늘 손자며느리가 훨씬 더 이쁘네, 하시며

초가을 산들바람에
여인 3대 간의 못 다한 이야기들이
전설되어 나부낀다

살아 계실 때
잘 모시지 못했던 게 못내 아쉬워
산소 위의 풀만 뽑고 또 뽑는다.

부뚜막의 왕소금

시래깃국을 끓인다
빈 가마솥에 물을 붓고 된장을 푼다
말라비틀어진 시래기를 이미지와 함께 넣었다
햇볕 조금과 바람 한 줌을 퍼다 넣고
불의 직유와 온기의 은유도 꺾어 넣었다
아무리 생략해도 생략이 안 되는 설명은 통째로 넣었다
딴청부리다 꺾어진 무 뿌리가 들어갈 여백은 없다
마른 시래기는 지난여름의 무밭 풍경과 함께 끓는데
맛이 낯설다
왕소금 한 움큼 집어넣고 휘저었다
맛의 오지랖이 역설과 반어로 출렁인다
설명을 들어내니 무 뿌리가 들어가고도 여백이 남았다
집나간 시래깃국 맛이 며느리와 함께 돌아왔다

부뚜막의 왕소금도 집어넣어야 왕이다

아버지의 스토브리그

늦가을 추수가 끝나자 말자
농부들의 스토브 리그가 개막되었다
너무 많이 던져 어깨를 다친 보리가
반값에 트레이드 시장에 나왔다
포지션이 겹치는 외야수 감자와 고구마 중
장타력이 약한 고구마가 트레이드 시장으로 밀렸다
에프에이 계약 자격이 되는 마늘과 참외에
모두 눈독을 들인다
쌀은 더 이상 농사를 짓지 않고
외국에서 직접 수입해 오기로 전원 합의했다
내 줄 마땅한 선수가 없는 농부는 논 팔아 현금을 준비했다
난로가 뜨거워질수록 트레이드 시장도 익어간다
여기저기 하나둘씩 잭팟이 터진다
대형 에프에이 선수들인 마늘과 참외를 싹쓸이해 간
돈 많고 정보 많고 스타선수 많은 지주의 아들이
내년 시즌에도 가장 강력한 우승후보다
트레이드 시장에 내놓을 논도 밭도 없는 아버지
겨울 내내 난로 가에서 막걸리만 외상으로 트레이드하셨다

세상 돈 다 준다 해도 너그들은 한 명도 안내준다
그것이 이듬해 아버지 구단의 우승전략이었다

마지막 절규

미지근한 인생
밀려다니기만 했다
큰 소리 한 번 치지 못했다

뛰어 내리기 전
그는 잠시 숨을 고른다
지금까지 살아오면서
큰 소리 한 번 치지 못한 이유를
아무도 묻지 않는다

그는 뛰어내린다
눈 꼭 감고 뛰어내린다
세상에 태어나서 처음으로 해보는
생명을 건 마지막 도박

폭포를 뛰어내린 물
온몸으로 소리쳐 운다
산도 울고
하늘도 운다
물이 득음을 한 날이었다

패구나무 외 4편

한지영 31)

마을 입구 패구나무가 살았다
마을의 변천사 이식한 세포에서 뼛소리 났다
이빨 빠지듯 마을 사람 하나 둘 떠나고
은밀한 사생활 품어 안은 패구나무 핏기 사라지고 울퉁불퉁 돌기 돋았다
심줄보다 질긴 짝사랑에 어깨 들썩이며 눈물 훔치던 철수도
공부 갈망 가슴 앓던 숙자도 객지로 떠났다
감초 같은 대식이 엄마 저세상 가고
딸 걱정 눈물 찍어 내던 똑똑이 엄마도 세상 떴다
모두 떠나보내고 연세 지긋해진 패구나무 입에서 군내가 났다
간혹 바람이 굳은 근육 깨우면 실눈 뜨고 동구 밖 바라보는 패구나무
깜짝 등장 객지로 떠났던 숙자
이마에 훈장 달고 품에 들자 오래 굳은 등가죽이 움칠 움칠
듬성한 이빨이 환하다

---

31) 10기, 2015년 9월 등록, 계간 <스토리문학> 등단

순간이동

변비약을 투입시킨 지 여덟 시간 경과
아랫배에서 소식이 왔다
영역을 침범한 죄
내장이 지옥으로 떨어진다는
무시무시한 소식

그네들의 난동에 첨벙첨벙 눈이 침수되고
식은 물줄기 등짝을 점령하고
뱅글뱅글 천정이 뒤집히고
몸이 공중부양되었다

2017년 6월 7일 구름 야유회
얌전히 걸려있던 수건이 조각나고
고민하던 여름휴가도 부질없는 뜬구름
빙빙 도는 허연 세상

부처님 하나님
잘 못한 건 용서해주시고
앞으론 착하게 살 것이며
욕심도 내려놓고 이웃을 가족같이
관세음보살 아멘 아멘 아멘

아랫배 움켜쥐고 허벅지에 이마 묻고
아이고 지고 신께서 보호하사
참으로 보호하사
사르르르 토사물이 세상 밖으로 사오자
순간 이동하는 괴력
강원도로 휴가나 갈까

소유권

내 맘대로 땅을 밟고
나무 아래 앉아 공짜 바람을 쐰다
대한민국 문서가 지갑에 있으니 무엇이 부러울까
새들은 잎새 끝자락을 잡고 폴짝 뱅그르 뛰고 돌며 꽁지 쫓기 놀이에 무아지경이다

주머니가 가벼우면 좀 어떠랴 공존의 즐거움이다
밟아도 되는 땅, 공유할 수 있는 자연, 오를 수 있는 산, 앉을 수 있는 공간들, 방방곡곡 공동 문서를 소유한 나는 넉넉한 부자다

난민을 생각한다
소유권을 외면당한 난민을 생각한다
급류에 휩쓸려 목숨을 잃은 멕시코 부녀를 생각한다
칠월의 살갗이 으스스 부녀 곁을 서성인다

뼈 속까지 인간을 위한 인간에 의한 정치를 해야 될
저 높은 곳에 계신 님들을 생각한다
권리가 보장되어야 할 공동 소유권을 생각한다

그들의 자유와 희망을 누가 강제하였는가

그들의 권리를 누가 짓밟았는가
소유권을 돌려주라
국민이 없는 나라는 하늘 아래 없으니

향연

봄은 아직 이른데
착각하고 왔을까
꽃가게에 찾아온 그네들
떼 지어 숨어서 엿보다 준비 땅
어부지리 밀려들었을까

솜털 뽀송뽀송한
몰랑몰랑 애기 같은 몸으로
히아신스 곡간을 윙윙거리며
마구마구 점령하고 있는 게 아닌가

열외에서 밀려난 가엾은 한 무리는
욕심꾸러기 심술 때문일까
애꿎은 머리를 유리창에 쿵쿵 받으며 난동이다

떼로 몰려온 벌들이
배고픔이 극에 달했나
곁눈도 주지 않고 히아신스 젖통에
풍덩 잠기어 궁둥이만 하늘로 빼고 있다

그네들에게 어떤 일이 있었는지

작년에도 이런 분주한 소동은 없었다
히아신스는 오랜만에 상봉한 기쁨이
대단한 충만인가
허리 굽혀 곡간을 통째로 열어놓는다

한참을 그네들에게 묻혀 있노라니
마치 윙윙 노래 부르며 춤을 추는 것 같이
쌩긋쌩긋 웃는 것도 같이

뿌듯이 봄을 맞으며
묵은 옷 벗어 버리라는
나를 향한 향연이 아니던가

오늘

사내의 아랫도리에서 진땀이 났다
윗옷을 설렁설렁 흔드는 사내
삼 년 전 마누라 영 떠나보낸 칠십 하고도
중턱인 사내

여자는 속으로 중얼거렸다
가슴은 왜
허락 없이 바깥 걸음을 해서는
사내의 마른땅을 적시는가!

비틀거리는 사내의 말 사이를
여자는
딴청을 데려와 우물우물
시간을 잘게 씹었다

팔월 땡볕에
사내의 가슴에 불을 당긴 여자

여자의 살찐 가슴이

오늘
빼꼼이 출렁거렸다

농가맛집 덕동원 가는 길 외 4편

김근숙[32]

꼬불꼬불 산길 오르니
산속에 숨어있는 후덕한 여인의 미소

황무지를 생명의 땅으로 일구어낸 세월
봄까치꽃 별꽃이 함께 호미질 해주고
새들의 영롱한 노래가 춤추게 해주고

돌담을 지나고
언덕을 지나니
환대해주는 두 마리 강아지
뛰어오르며 손잡고 싶어 하는
간절한 몸짓들
달려가 안아주고 쓰다듬고
외로움 품어주고 싶은 마음 숨긴 채
외면하고 지나치는 이기심
내 옷이 더러워질까봐
내 손에 묻혀질 먼지 때문에

진심을 외면한 채 살아온 순간들
자꾸만 뒤돌아보며

32) 9기, 2015년 3월 등록, 계간 <스토리문학> 등단

한번만이라도 눈 맞추고 안아줄 걸
먼지는 떨어버리면 될 걸

강력한 목줄이 스침까지도 당긴다
멀리서 들려오는
산새소리 구슬프다

막걸리 심부름

막걸리 한 주전자 받아오라는
아버지 심부름 다녀오던 길
철철 넘쳐 흘러내리는 막걸리
아까워서 한 모금 마시고
또 한 모금 마시니
앞산이 눈앞에 다가서더니
와락 가슴으로 안겨들었던
어릴 적 추억

모내기하던 날
막걸리 한 사발 흐르던 구슬땀
서늘하게 씻어주니
신명나서 허리 숙여
벼이삭 악기 흔들며 춤추었던
어릴 적 추억

평생 땅을 위해 살아오시더니
어느 날 곡기도 못 드신 채
병실에서 세월을 붙잡고 계실 때
막걸리 맛이 얼마나 그리우셨을까

 · 95cm X 60cm 스크린

장맛비가 퍼붓던 여름날
오리백숙집에서
막걸리 한 병 손수 주문하신 날
외손주랑 여러 번 잔을 부딪쳤다

막걸리 한 병 더! 주문 들어간다.

라오스의 뿌리

– 라오스 동굴탐험 중

동굴 속 들어서니
땅속이 아닌
바위틈 비집고
숨어 살아온 뿌리
비바람 견디며
뿌리와 바위는
의지하여 수천 년
견디어 왔다

꺾이지 않고
고통으로 서로
엮어 더 단단해진 힘
하얀 몸을 드러낸 채
수많은 손길이
쓰다듬으며
위로한다

제 살을 깎아서
뿌리의 살 길은
내어준 바위

 · 95cm X 60cm 스크린

내 자리 내어줄 수 있을까

그리움이 마르다

차창으로 빗물이 빗발친다
유리창을 두드리는 빗소리
앞을 가로막는 빗물줄기
쉴 새 없이 쓸어내리는
와이퍼 속도는 그리움

쉴 새 없이 퍼붓는 빗줄기
가슴까지 밀려드는
그리움 마구 흘러든다
씻어 내려도 주체할 수 없는
온 몸 번져드는 간절함

서서히 말라가는 빗물자국
햇살이 조금씩 훔쳐가고
사랑의 흔적조차 희미해져
뜨거운 태양 쳐다볼 수 없다
그리움이 조금씩 말라간다

세찬 그리움의 빗줄기 그리워진다

 · 95㎝ X 60㎝ 스크린

뚜아리

장대비 퍼붓던 여름날
얼굴 내민 채 비 맞고 있는 참외
그 옆 앙증맞은 애기수박도
누구의 눈에 띠지 못한 채
바닥에서 바둥거린다

볏짚 엮어 똬리틀 만드시던
할머니 억세지만 따뜻한 손길
무더운 여름 한때
달콤한 여름 맛은 베풂이었다

파를 팔러 시장가시던 엄마
무거운 다래를 머리에 이고 갈 때
은하수가 되어 주었는데

누군가의 디딤돌이 될 수 있을까

전자소 외 4편

김만순[33)]

교수님[34)]께 분양받은 전자소 한 마리
외양간이 아닌 문간방에 산다
커다란 눈망울 카메라에 코뚜레 대신
인공지능을 장착한 소
마당 예초작업, 한 마디에
마당 예초작업, 경쾌한 음성으로 화답하고 마당으로 나간다
카메라가 마당을 스캔하고 수돗가를 돌아 꽃밭 가장자리부터 풀을 뜯는다
주인장 말 한 마디에 장모 단모 잡초의 길이를 재단하고
꽃과 나무 각종 채소를 구별하여 잡초만 골라 뜯는다

내가 흙마당 좋아한다고 시멘트 포장을 포기하셨던 아버지
새벽이면 풀물 든 어머니의 부르튼 손
잡초 잡다가 퉁그러진 손가락 관절
질긴 잡초와의 전쟁이 남긴 상처
철없는 며느리는 풀 무서운 줄 몰랐다
새벽마다 논두렁 풀 베어다 외양간에 넣어주고 투덕

---

33) 9기, 2015년 3월 등록, 계간 <스토리문학> 등단
34) 김순진 교수

투덕 엉덩이 어르시던
아버지 젖은 발목에 살던 풀씨들
빈 지게가 외양간을 지키고
전자소가 제초 방제의 신기원을 세운다
제초제에 의한 미물들 살상을 막고
죽어가는 흙을 살리는 예초작업으로

햇살 퍼붓는 한낮 마당에 전자소 풀어놓고
마루 끝에 앉아 막걸리 한 잔의 여유를 사고
달밤에 농장으로 몰고나간 전자소
풀벌레소리 들으며 달밤의 정취를 산다
올여름 황소일꾼 들이고 예초작업에서 해방됐다

초록 병사

마당가 사열대에 출정을 기다리는 삼천용병
텃밭으로 나갈 준비가 모두 끝났다
진두지휘하는 장화신은 탱크의 위엄
그가 물을 뿌리며 마지막 포트를 사열했다

지난 오월 전봇대 위 까치 몰래 마당가
꽃들 수다로 한눈 팔 때 포트 안에 3천개 서리태를 심었다
검은 사각 포트 안에 검정콩들의 암장
모판 위에서 부활하는 콩 모종들
일제히 고개 숙여 충성을 맹세하며 떡잎을 내밀었다
식물에서 얻는 최고 단백질군의 탄생
그가 모가지를 쳐 번식을 도왔다
개체군을 늘이기 위한 그들의 방식
풍성한 콩모가 풍작을 예견했다
비타민군은 콩나물로 밥상을 정복하고
단백질군은 동물성 단백질군과 어깨를
겨루며 발효된 장류로 건강을 약속했다

울타리에 장미가 붉은 꽃피워 팡파레 울리고 담
장에 참새가 짹짹짹 농부가를 부른다

순수 자연이 키운 보병의 행렬이 장관이다

블루베리 농사를 지으며

지금은 블루베리 수확이 한창이다
오뉴월 뜨거운 태양 보랏빛 고운 빛깔에 스미고
천지의 은혜 영롱한 이슬에 스민다
사랑과 정성을 베리 구슬에 알알이 꿰어
살뜰한 손길로 고운님께 사연을 써보낸다

우기에 든 새벽 대지의 거친 숨결
푸른 안개 토해내며 더위를 낳는다
스스로 최면을 걸어 내안에 힘을 응축하고
함께 하는 모두에게 응원의 힘으로 보낸다
한 해 한 해 세월에 밀려나 들어앉은 이 땅의 엄니들
빈자리 메꾸는 이국의 젊은 손길들
말이 통하지 않아도 선량한 눈빛 하나
정성은 사소한 것에서 한마음이 되게 한다

울리는 전화기 너머로 인연의 길이 열리고
손님의 따스한 말 한 마디에 쌓인 피로를 날린다
먼 길 마다않고 찾아와준 고마운 이들
사랑과 감사로 충만한 날들이여
수많은 인연 속에 내가 살고
네가 살고 우리가 산다

나는 오늘도 귀한 인연에 감동하며
열정으로 내 삶을 가꾼다

아가에게

아가야
이 세상 맑음이 너로부터였구나
너의 순수한 눈망울은 세상 가장 빛나는 보석이구나
너의 깊고 투명한 눈 속에 천국이 있구나

아가야
이 세상 밝음이 너로부터였구나
너의 눈빛과 미소엔 한 점 티끌이 없구나
너의 해맑은 웃음은 근심걱정을 씻는 보약이구나

아가야
이 세상 가장 향기로운 꽃이었구나
너의 보드라운 살결 전신에 흐르는 달달한 풋내
너는 꽃 중의 으뜸인 인꽃이구나

아가야
이 세상 모든 소리는 너로부터 시작되었구나
너의 첫 울음소리로 한 세상이 열리었다
너의 옹알이는 가장 신비롭고 감동적인 언어구나

아가야
이 세상 빛과 희망인 사랑스런 아가야
너의 눈동자에 빠지고 너의 미소에 녹아난다
아가야, 귀여운 천사 아가야

묵은 씨앗

너무 오래 묵혔나 보다
봄을 감지 못하고
싹을 틔우는 일마저 잊어버린 것이 분명하다
시향을 심는 일
너무 오래도록 꿈만 꾸었나 보다
담아두기만 했을 뿐 깨워주지 않았다
때로 삶에 묻혀 망각한 때도 있었다

몇 백 년 살아온 동구 밖 느티나무
끊임없이 연마하고 깨어있는 삶으로
올해도 어김없이 푸른 집을 짓고 있다
나를 키우고 가꾸는 일이 곧 사랑이요
이타행이라고 가르쳐 주신다
생각으로만 머물 뿐 꺼내놓지 못하고 꼭꼭
저장만 해둔 내 꿈은 혹여 죽었는지 모르겠다
도통 싹이 나오지 않는다
깊이 넣어둔 씨앗을 불린다
세월의 두께 만큼 적당한 수분과 온도가 필요하리라

꽃들이 봄길 따라 피어날 때쯤
나는 고려대 라이시움으로 간다

 · 95cm X 60cm 스크린

고목나무의 싹을 틔우기 위해
조심스럽게 묵은 씨앗을 불린다

키스 & 크라이 존 외 4편

오연복[35)]

연주는 끝났다
숱한 이야기를 토해냈던
무대는 격정의 그림자조차 덤덤히 지우고
차가운 적막을 드리운다
타는 목마름은 간절한 손깍지를 끼는데
전광판은 잔인한 불도장을 예열한다
땀자국을 겨냥한 짜릿한 눈빛은
LED 점자에 0.15의 편차를 서릿발로 각인한다

울컥한 감동은 아찔한 절벽을 탄다
가쁜 숨소리에 감기는 더블 악셀
은반에 얼비치는 트리플 러츠
열정의 빗금을 우아하게 수놓는 스파이럴
기립박수의 파도에 유나 카멜 스핀이 황홀하게 스치고
얼음왕국은 뜨거운 불도장에
경건한 입맞춤을 시작한다

우아한 춤사위에 새겨지는 뜨거운 함성
아쉬움은 절벽을 박박 긁어보는 것
무대를 향한 곰돌이인형도 0.15를 매김한다

35) 9기, 2015년 3월 등록, 계간 <스토리문학> 등단

꽃다발에는 GPS가 녹화된다
기쁨은 갈채의 건반을 두드리고
실망은 자책의 손수건을 적신다
0.15는 적격의 양식이 아니라
편파의 불량식품이다

명중

출정식은 늘 비장하다
삼각편대 건너 역삼각의 요새를
단숨에 무너뜨리기 위한 작전이 펼쳐진다
한 치의 오차 없는 입사각을 찾기 위해
습도와 마찰력, 대포알의 회전력과 속도가
알파고의 전산실을 점령한다
방렬을 마친 포수는 레이더에 편각과 사각을 보정한다
출발선 중앙점에 발 디디며 삼각편대를 살피다가
오른쪽 두 번째 삼각점을 겨냥한다
어깨를 수평으로 하고 오른팔을 직각으로 옆구리에 붙인다
대포알을 움켜쥔 채 엄지를 열한 시 방향으로 제어하고
한걸음 앞으로 나아가며 틀어쥔 대포알을 앞뒤로 흔든다
걸을 때마다 진폭은 커져서 최대 증폭의 네 걸음 째,
장약5호를 장착한다
왼팔을 날개처럼 활짝 펼치며 왼 무릎을 직각으로 굽혀 딛고서
오른발을 뒤로 쭉 편 채 대포알을 발사한다
강하게 회돌이하며 직진하던 대포알이
요새 옆구리를 향해 급격한 포물선을 그린다

회심의 일격에 역삼각 진지가 우레 소리를 내며
와르르 무너진다

떡갈나무 숲의 함박눈

떡갈나무 사이로
함박웃음을 어머니처럼 웃는
눈이 소담스레 내리기 시작합니다

보풀보풀 낼 앉는
어깨 위의 눈을 쓸어 담으면
함박에 어머니 눈웃음이 담길까요

떡처럼 뭉친 눈으로 눈싸움을 걸자니
갈잎 무성했던 단단한 나무 한 그루
목만 길게 드리우고 눈처럼 웃으시네요

세월 한 조각

치즈를 먹다가
새삼스레 김치 생각이 났다
김치 통 갓 열어
포기김치 한 줄기 쭈욱 찢어서
와그작 깨물었다
몰캉하게 밀려드는 세월 한 조각
아, 이태를 묵혔던가
빨간 여운이
말갛게 웃는다

화씨 226.4도

흥 피시식 푸흥 피시~ 슉, 화씨가 야릇한 콧김을 내뿜자

잠포록한 수증기가 미묘한 현기증을 낳고

섭씨 36.5도의 거실에 별안간 화씨 226.4도[36]가 넘나든다

번뇌의 변주곡은 요란스럽고 변덕이 죽 끓듯 하는

연탄화덕 위의 주전자다

비등점을 탄 화씨는 칡 엉겅퀴 달맞이꽃으로 물을 달이다가

적하수오를 찐득하게 우려내다가

30년 묵은 필름을 순식간에 영사하며 감치는 사진 몇 장을 북북 찢어댄다

애꿎은 연적에 뜨거운 물을 쏟아 넣는다

연적이라는 이름 탓에 연적이 돌연 연적이 되는 연적

이내, 섭씨는 화씨에 화들짝하고 화씨는 섭씨가 공연히 섭섭하다

화씨와 섭씨가 겨루는 습도 높은 온도차는 30년간 섬겨온 목멱산을,

---

36) 화씨 226.4도는 섭씨 108도에 해당한다. 비등점을 넘어서서 요란하게 끓는 온도이면서 섭씨에게 108은 번뇌의 숫자다. 36.5도는 사람의 체온으로서 가장 평온한 상태를 뜻한다.

노천탕에 미끄러져 들어간 애물단지 바윗돌처럼 침몰시킨다
화씨와 섭씨가 임계점을 마주한 테이블에서
과거를 녹이고 현재를 평온하게 끓여낼 온도는 영하 40도[37)]란다
빙점 아래로 가파르게 곤두박질치는 어둠의 온도는
코끝에 고드름을 내리고 오줌발을 얼음막대로 만든 채
밑불을 곤혹스럽게 한다
아, 기어코 영하 40도에 가슴을 얼려야만 하는가
섭씨는 갱년기 화씨의 뜨거운 사잇길을 에둘러 오르고
목멱산도 목을 내밀어 광화문을 바라보며
후줄근한 멱을 감는다

---

37) 영하 40도에서는 화씨와 섭씨의 온도차가 0의 상태가 된다.
즉 −40℉ = −40℃

회갑 여행 외 4편

임서정[38)]

미호천에서 다슬기 잡고
물놀이 하던 소꿉친구들
반평생을 더 살았건만
마음은 아직도 동심이다
고무줄놀이 구슬치기하며 놀던
옛 추억을 그리며
설레는 마음으로 낯선 이국땅을 밟았다
환갑이라는 나이인데
모두 다 소년이고 소녀다
첫날부터 얼마나 웃어댔는지
떨어져 나간 배꼽들이
버스 천장에 매달린 채
주인을 잃고 헤맨다
사랑을 말하기에는 이미 숙성된 나이
빠른 속도로 줄달음치는 시간들
잠시 묶어두고 오랜만에
여유로움과 자유를 맘껏 누리고있다
타이페이에서 화련까지 가는 길
바닷바람이 머물다간 숲속을 지나
빛이 반짝이는 동굴 속에서

38) 9기, 2015년 3월 등록, 계간 <스토리문학> 등단

플래시를 터트리며 맘껏 포즈도 잡아본다
헤픈 달빛을 품은 바다를 끼고
열네 살 아이들의 웃음소리가
멀리까지 퍼져 나간다
촉촉이 적시는 안개비 사이로
잊혀졌던 추억들이 방울방울
꽃송이로 피어난다
오월의 싱그러움을 끌어안은 채
재잘거리는 소리들
오래오래 귓전에서 맴돌것이다

고향집 뒤뜰을 거닐다

아침이오면 나는 제일 먼저
화단에 물을 준다
오늘 나는 하얗게 핀 채송화를 따라
고향집 뒤뜰로 간다
엄마가 심으신 맨드라미 채송화 도라지꽃이
탐스럽게 피어 있다
하얀 옥양목 앞치마를 두른 엄마가 거기 서 계신다
맨드라미를 수놓아 이불깃을 만드시고
채송화를 수놓아 책가방을 만드시고
도라지꽃을 수놓아 밥상보를 만드시는 중이다
예쁜 꽃잎들을 곱게 말렸다가
가을이면 방문마다 하얀 창호지에 수를 놓으셨다
지금은 안계시다고만 생각했던 엄마였다
그런데 여전히 고향집 뒤뜰에 꽃을 가꾸시고
하얀 옥양목에 수를 놓고 계신다
오늘아침 채송화가 데려다준 고향집 뒤뜰
이제 곧 재개발되어 아파트가 들어선다는데
다시 또 엄마가 이사해야 한다는 두려움에
한참을 그렇게 서 있었다
옷이 젖는 줄 도 모르고 호스를 땅에 떨어뜨린 채
서있는 내게 채송화가 비명을 질렀다

깜짝 놀라 돌아보니 흠뻑 물벼락을 맞은 채송화가
사립문 밖으로 뛰쳐나오고 있었다

그리움

사월 하늘에서
싸락눈이 내린다
그칠 줄 모르고 마구 쏟아진다
이제 막 세상 밖으로
고개 내민 여린 꽃잎들
내리는 싸락눈에 아파서 슬피운다

쏟아지는 게 어디 싸락눈뿐이랴
늘 가슴속에 품었던 그리움도
오늘은 싸락눈처럼 쏟아져 내린다
먼 이국땅에 와서 보니 살아생전
외국여행 한 번 못 해보고 별이 되신
아버지 당신이 보고 싶은 마음에
한없이 그리움이 꽃잎되어 떨어진다

 · 95cm X 60cm 스크린

태풍

태풍이 온다고
다들 야단이다

내 안의 그리움은
날마다 태풍이 오고
홍수가 지는데

홍수 진 마음은
둑으로도 막을 수 없어
아무리 막아도 홍수가 지니

아마도 너라면
홍수 진 내 맘을
막을 수 있을 거야

빈방

피아트리체를 처음 본 순간
단테의 가슴엔
커다란 빈 방 하나가 만들어졌다
아무리 채우려고 해도
무엇으로도 채워지지 않는
텅 빈 방 하나가 늘 그를 아프게 했다
그러나
그녀가 죽은 뒤에야 알았다
그 빈방이 그녀의 방이었다는 걸

오늘따라 피렌체의 파란 하늘이 마치
단테의 멍든 가슴처럼
슬퍼 보인다

4부

인시알라 외 4편

김 태 호[39)]

메카에서 사나 행 A301-300 탔어
예메니아 항공 예멘 국적기야
동양인은 일행 없는 나 혼자
지정석에 앉았어
통로 쪽 바짝 붙은 내 옆자리는
아랍 여인이 아가씬지 아줌만지 모를
매무시로 자리 잡고는 서슴지 않고 후딱
밖에선 꽁꽁 감췄던 니캅을 벗어제꼈어
가슴이 철렁했어 처음 보는 민얼굴이
너무 예뻤어 앞이 아찔했어
봐서는 안될 것을 훔쳐본 듯했어
이래도 되는지 몰라 외간 남자와
살 맞대고 엉덩이 붙어 앉아도 되나 몰라
이곳 율법에는
도둑질한 손은 손목을 자른다는데
살 비벼 땀이 짓무르면 어딜 자를까 싶어
덜컥 겁이 났어 소름끼쳤어
진땀이 났어
눈은 외쪽으로 몰박는데

39) 8기, 2014년 9월 등록, 계간 <스토리문학> 등단, 시집 『그림자 지문』

애꿎은 하늘 밖만 빰 비벼대고 내다봤어
심장 뛰는 구름 한 점, 홍해바다 낙조 위를
출렁거렸어
"인시알라"[40]

40) '신의 뜻대로' 라는 뜻의 인사말

바람꽃

너는 장파리 리비교
갈대 같아서
부대끼는 꽃잎 같아서
갈아 앉은 안개 같아서
물안개
걷어내는 이내 같아서
흔드는 마음 같아서
지새우는 낙엽 같아서
갈 길 먼 장단하늘
구름 같아서
잠시 머물다 간
이슬 같아서

 · 95cm X 60cm 스크린

걸음걸이의 흔적

진창을 밟은 발바닥은 오염만 묻었다

꽃길을 걸은 발바닥은 향내만 피웠다

광화문 밟은 발바닥은 소음만 묻었다

눈길을 밟은 발바닥은 깨끗이 지웠다

구름을 밟은 발바닥은 바람만 일었다

수틀

그 길은 실과 바늘이 꿰뚫는
길
달무리 앞세우고
북두성 길잡이고
몽글은 몽골 처녀 젖무덤
넘어
파계승이 넘던 파미르고원
너머
꿀물만 솟는다는 복사꽃 피는
거기
무르익은 도원이거나
꿈만 같은 실크로드
명주실 누에고치 살살 벗겨
얽거나
올마다 한 땀 한 땀 박아보는
그리운 별 자국

경 읽는 풍경

수락산 길 잃고 헤매다
가시덤불 헤치다
등골 흐른 땀방울 숲을 구르다
가까스로 스스로 붙들다
절간 뒤 문턱 발 디밀다
불암사 절 마당 당도했다
법당 대웅전 꿇어앉은 중생들
한결같은 발원은 저마다
필생의 간직한 간절한 한마음
천년 산울림 기왓골 쩌렁쩌렁
산비둘기 부리 쪼아 구구절절
절 마당 목탁 치듯 깨우치듯
탁 탁 탁 쪼아대다
간간이 메아리 풍경 스치다
무심한 바람만 매달리다

별빛이 멀다 외 4편

손문자[41]

티베트 협곡
넘어질 듯 달을 걷는
낙타의 방울소리 청량하다

쌍봉 등에 시심을 싣고
오체투지로 넘는 산맥
거친 사막길
별빛이 멀다

모래주머니에 아팠던 일
슬펐던 일, 둥글게 매달고
한 발 한 발 백지(白紙) 위를 걸어간다

어느 날엔가 오아시스의
맑은 샘물 길어 올릴 수 있을까
견우와 직녀처럼
뜨거운 한 줄 시를 만날 수 있을까

안나 막달레나의 미뉴엣이 흐르는 창가
오늘도 사막을 걷고 또 넘는다

---

41) 8기, 2014년 3월 등록, 울간 <문학21> 등단, 민조시집 『공자라도 공회전』

이름에 대한 단상

1.
용꿈을 꾸었으나
용으로 태어나지 못한 나
아들 꿈을 꾸었으나
딸로 태어났다는 얘기다
할머니는 분을 바르는 여자지만
새처럼 날아오르라고
가루분 자에 새 조자를 넣어
분조(紛鳥)라는 아명을 주셨다

세 살 되던 해,
공부하는 손자(孫子)에 뜻을 두고
문자(文子)라는 이름이 호적에 올려졌다
글과 손자를 동시에 안으신 셈이다

하지만 내 이름은 날갯짓 한 번 못하고 묻혀버렸다
딸은 자랄 때도 늘 뒷전으로 밀려났고
결혼 후에는 누구의 아내로
누구의 엄마로만 불려졌다
아내와 엄마의 자리가 곧 내 이름이었다

오랫동안 이름을 잃어버렸다
나도 사라졌다

2.

이름이 돌아왔다
손가락 율동 하나에
내 이름 적힌 채소 광주리 날아온다
현미 백미 오곡에도 이름이 찍히고
붉은 살코기 돈육, 세네갈 갈치 묶음에도
내 이름 턱하니 걸터앉아 있다

앉아서도 세계의 정세가 환해진다
우주의 전파 푸르게 길을 여니
내 이름 석 자가 빳빳하다

뭍으로 온 명태

재래시장 좌판에
눈 부릅뜬 명태
동해 새벽 부산한 발길 아래
아가미 묶이고 코 꿰어서
뭍으로 끌려왔다

온몸 예술로 저며져
날아갈 듯 접시 위에 올려진다
좌판에 둘러앉은 술꾼들
왁자지껄 흥을 돋우고
나무젓가락이 곡예를 한다

물보다 깊어지는 밤
소주의 도수 서서히 타오르고
술잔은 손에서 손으로 불을 붙인다

달빛 내린 도시의 뒷골목
사람들이 돌아간 빈 바람의 심장 속에

버려진 지느러미
푸른,
동해바다를 꿈꾸고 있다

윷가락 풍자

인생은 낙장불입
몰고 몰리고 잡고 잡힌다
업고가고 돌아가고 질러간다
이판사판, 도가 걸을 잡고
개가 윷을 잡고 걸이 모를 잡는다

아웅다웅
알고 속고 모르고 속는 난장판
난장판이 윷판이고 윷판이 하룻길인데
운수대통 한다고 뭐가 다를까?
알 수 없는 행보 윷이나 모를 던져
앞질러 나가지만 개에게 목 잡히면 죽는다

하루를 걸고 일생을 걸고
낙으로 떨어졌다가
쨍그랑 쇳소리를 내며
공중으로 떠오르기도 한다

인생은 어차피 낙장불입
살구꽃 피면 살구 패로 가고
사과 꽃피면 사과 패로 가세

 · 95cm X 60cm 스크린

걸음걸음 숨 막히는 세상
윷가락 풍자가 숨통 틔워준다

당신의 노래

꽃이 지는 것은 잠깐이었어요
눈 맞출 틈도 없이 날아가 버렸죠

꽃이 지는 것은 순간이었지만
꽃이 피기까지는 오랜 걸음이었어요

꽃이 지고 난 뒤
당신의 이름은 지워졌어요
하지만 당신의 목소리는 아물지 못한
상처 속에 붉게 영글어 있어요

해질 무렵 서산에 걸려있는
내 그리움의 햇무리 위에
붉은 황혼의 노래 들려옵니다

꽃이랑 속에 숨겨둔
당신의 노래
아직 끝나지 않았습니다

어둠은 또 하나의 희망이다 외 4편

김정태[42)]

새벽에 눈을 부비고 오늘 하루를 감사드린다
새날을 감사드리며 가족의 평강을 기원한다
아이들 일터에서 보람된 하루를 인도해주시고
발걸음마다 축복의 통로가 되도록 해주소서
내 나라 내 조국의 영광과 번영을 그려보고
오늘하루도 크신 은총을 간구해본다
내 하루는 그렇게 해처럼 떠오른다

찬바람에 흐느끼는 중랑천
물길 따라 밟아보는 새벽길은 까맣다
해는 어둠에 짓눌린 채 아직도 잡혀있나 보다
수선을 떨던 비둘기 떼들은 다 어디서 숨죽이고 있을까?
낮 동안의 넘치던 활력은 잠잠하고
빛의 권세로 요란스럽던 소음도 움츠리고 있다

정적 속에서 삼라만상이 꿈틀대기 시작한다
어둠은 빛을 기다리는 또 하나의 희망이다

---

42) 5기. 2013년 3월 등록, 계간 <문예춘추> 시 등단, <문학의봄> 수필 등단, 시집 『천사라 불러준다』, 수필집 『희망의 사다리』

세월의 향기

P여식(女息) 혼인 피로연장에서
하객으로 온 전직 여직원들을 만났다
우아하고 아름다운 사람들아
그대들 이름이 밤하늘 별처럼 깜박거리누나

앳되고 청순했던 아가씨들아!
너는 여리디 여린 손이었지만
업무에 임하면
날렵하고 신비로운 마법의 손이 되었고
너는 곱고 청순한 얼굴이었지만
업무에 임하면
비장한 전사로 돌변하곤 했지
선한 눈빛으로 자리를 밝혀주다가
때로는 비상(飛翔)을 꿈꾸는 백조가 되어
현란한 춤사위로 날갯짓을 펼치곤 했지
그대여 기억하는가?
그 시절 그 놀랍던 자신의 모습을?

너는 제 자리를 꿰뚫는 달인이요 명장이었다
너의 숨결은 전사들의 맥박을 고동치게 했고
너의 사랑은 전사들의 투혼을 이글거리게 했다

 · 95cm X 60cm 스크린

학교사랑, 회사사랑, 동료에 대한 사랑이
해맑은 미소로 등불이 되었다

그때 그대들의 사랑과 열정, 수고를
지금 이 혼탁하고 어지러운 광야
아무 곳에서도 찾아볼 수 없구나
흩어져 있으면 과거는 한낱 추억일 뿐이지만
모여 있으면 추억은 향기로운 꽃이 된다
네가 있어 우리가 있고
우리가 있어 지난 일들이 감미로운데
아름다운 우리의 아가씨들아!
너의 얼굴에 풍기는 세월의 향기가
신비롭기만 하구나

미물(微物)

멀리 연무에 휩싸여 자욱한 곳
신비로워 보이는 봉우리에 탄성이 터진다
꽃이 피고 숲이 좋아 누구나 동경하는 곳
신선이 살고 영물이 뛰어놀아 신비롭다는 곳
거기는 온통 세상 부러움이 꽂히는 곳이다

어느 날 계곡에 불이 붙었다
불길에 놀란 물체들이 부스스 모습을 드러내었다
들쥐에 살쾡이 여우가 튀어나오고
늑대와 너구리 멧돼지에 하이에나까지 기어나온다
꺼질 줄 모르고 활활 번지는 불길에
이무기처럼 꽁꽁 숨어있던 요물도 튀어나온다

불타는 계곡과 봉우리에는
세상이 생각하던 신선이나 영물은 끝내 없었다
불길에 길길이 날뛰는 온갖 것들은
이래저래 듣고 보던 고만고만한 것들
거짓과 술수 음욕으로 일그러진 오사리잡패 였다
신성한 계곡에 그동안 똬리 틀고 군림했던 것은
봉두난발에 귀기서린 몰골의
하찮은 미물에 불과했다

95cm X 60cm 스크린

두물머리 가는 길

강물이 푸르고 산이 푸르러 사방이 푸르다
파란 두물머리길 가다가
어머 쑥이! 하더니
아내는 가던 길 멈추고 쑥을 뜯기 시작했다
펼쳐놓은 빨간 손수건이 금방
쑥으로 파랗게 채워져 간다
"당신 지루하지 않아?"
아내의 걱정스런 말에
"전혀 지루하지 않아"

강물이 저리 푸르고 바람이 이리 시원한데
같이 쑥 캐자는 소리만 하지 않으면
종일인들 어떠리

아내의 손끝에 파란향내가 풍긴다

청계천의 물결

청계천에는
물결이 쉴 새 없이 흐른다
청아한 목소리로 온갖 시름을 달래주고
제 속까지 투명하게 들어 내보여주며
지친 영혼을 청결하게 씻어준다

길 따라 이어지는 행렬도 물결이다
셔츠도 바지도 치마도 모두 다 정겹고
퇴근하는 직장인도 연인들도 모두 아름답다
바람결에 춤추는 수양버들가지
물결을 희롱하는 고기떼들
왜가리 한 마리가 무아의 경지에 빠져
현란한 춤사위로 우아함을 뽐내고 있다

삼라만상이 춤추는 청계천은 정겹고 감미롭다
세운 두타 동평화 청평화 신평화
분주한 모든 것은 평화의 물결이다
오늘도 청계천은 평화롭게 흐른다
비 오는 날도 눈 오는 날도
세월은 물결이 되어 청계천을 흐른다

입춘이 지난 산속에서 외 4편

소상호[43)]

구시렁 구시렁
다음 달이 산달이라며
걱정하는 나무들

바스락 바스락
낙엽들이 둘러앉아
배내옷을 짓는다

졸졸 주르륵
임산부 몸단장 위해
얼음물을 데운다

43) 4기, 2012년 9월 등록, 월간 <문학세계> 등단, 시집 『초록빛 바람꽃』 등 8권, 수필집 『산에 스치는 바람』

존재의 구멍

지난날 나를 쫓아오는 오솔길 하나
맨홀에 빠지는 꿈 꾼 오전
아직 덜 빠져나간 지난날의 대화들
논쟁들이 위산과다에 쌓이고
어디선가 고개를 디밀다 중간에 끊어진 벨소리 때문에
문득 튀어나온 말 한마디
고향이 있을게다
고향이라는 비밀이 있을게다
오래전에 함구해놓고
내 늑골 속에서만 잠시 지나쳐보던
어눌한 발음이 과거들이었을까
몇 번의 사랑과 결별이 오고 난 후
새롭게 얻게 된 망각의 이름이었을까
또 다른 망각이었을까
소낙비를 바리게이트로부터 무시로 가로 막았고
그즈음 어쩌면 종교를 불러들이는 것도
세월이라는 사건이었을 것이리라
귀향의 이정표 대신 고립으로 고향에 가는
내 일상은 숲과 같은 것
책으로 들어찬 거실과 몇 개의 제목들
오후가 되어야 잠시 들렀다 사라지는 방물장수는

어떤 종류의 일광욕을 내어준다
내 그곳의 단절된 삶의 목록들을 하나하나 밝히리라

삶이란

삶이란
그렇게 모질게 불던 바람이
길가에 노오란 민들레 보고 웃는 것이다
호수 위 둥근 원을 그린 물벌레를 보지 못한 채
꺾은 나뭇가지로 두드리는 억지와
하늘을 병풍처럼 가린 늙은 햇볕에
머리를 구슬린 구름을 보면서
저 속에서 살겠다는 이상적인 고심의 흔적을 가지며
남에게 보이지 않으려는 몸부림치는
가면이 그것이다
희미한 등불을 살려 보려는 큰 눈이
먼 달그림자의 상처를 보고 울면서
내일의 해를 기다린다
어쩌면 검은 날 푸르름 속 아쉬움을 뒤로 하고
앞으로 달리는 시냇가의 속삭임이
우리의 심장인 것을 아는 지 모르는 지
암소 눈처럼 껌뻑껌뻑거린다.

피자

피자는 이국의 냄새가 난다
바다 건너 둥근 얼굴로 다가와
우리 가슴에 넣어 한 바구니 빵을 굽는다
눈도 없고 코도 없는 굴뚝 없는 연기 속에
적나라하게 화장을 한 얼굴이 열기 있는 집으로 들어
간다
나물도 자고 생선도 자는 밥상
그를 도와 오로지 얼굴만 내민다
어버이 밥상이 되지 못한 아쉬움에
어린애들에 밥상을 주무르고 있으니
10년을 기다리는 그 집념이
벌써 20년을 넘어 아들 상차림에 주인이 된다
그리고 군에 간 아들의 최고 인기물이 되어간다
내내 기다리는 부정의 가슴에 피자 생각으로
아들을 노린다.

자화상

나는 구름 위에 솟은
정상이고 싶었다.
들판 하나 품고도 바다가 그리워지는
무시무종(無始無終)의 욕망이고 싶었다
지금은 작은 언덕의 무게만으로도
숨이 가빠지는 가을 들판에 머무는 바람인거지
어린 시절의 풍경이 되고 싶은 거지
그래 나는 바라지 않는다
논두렁 끝에 의롭게 우는 개구리 울음과
그 속에 지나치는 바람들
때로는 성스러운 아내의 관습조차도 원하지 않는다
이제는 흘러온 구름들의 자화상으로 내려오는 것이 아닌
우산들은 모습들의 욕망조차도 퇴근을 서두른다
달의 그림자보다 태양의 그림자가 될 것이라는
시간 속이나 바람의 넓이는
설사 나를 발갛게 속을 데우더라도
입 꼭 다물 것이다.

뒷굽이 길게 운다 외 4편

전하라[44)]

봄으로 이직하는 겨울이 건네준 달빛앵글부츠
4만원에서 딱 백 원 남아요
깎아주세요 플리즈
손님은 예쁘니까, 하며 건네준 천 원

봄볕이 말라붙은 신발 턱에
충무로 세진인쇄가 인쇄되어 있고
을지로3가 코라싸인의 현수막이 걸려 있다
새절역을 지나 연서역 골목 바다카피에서는 여전히 친절을 복사 중이다

출판사 문턱을 오천백 번을 넘게 들락거렸다
칠년이라는 숫자를 보며
두 번째 손가락 하나를 접은 뒤
자랑스럽게 허리를 펴는 7년
신발이 말발굽 소리를 내도록 뛰어다닌 서울

수백 수천 개의 계단에서 파발마가 길게 운다
불광동 구두수선 아저씨 말끝에서 교정되는 말발굽
내일로 가는 티켓이다

---

44) 2012년 9월 등록, <스토리문학> 편집장, 계간 <스토리문학> 시 등단, 계간 <수필춘추> 수필 등단, 시집 『발가락 옹이, 『구름모자가게』

생일

오빠들의 성화에 엄마는 여동생을 낳아주기로 결심했다
아버지 역시 딸 둘에 아들 넷을 다보탑처럼 낳은
엄마의 치맛자락을 들춘 지 오래였다
근처에 사는 당숙집에 가도 아들
큰 집에 가도 아들들이 굴비 엮듯이
밥상에서 빡빡머리를 조아리고 있었다

그날부터 아버지가 좋아하시는 노가리도 광에서 나올 줄 모르고
구수한 김치된장찌개만 끓여도 코를 킁킁대던 아버지가
등을 북으로 돌리고 가부좌를 튼다

여보게 기원이 엄마
이쁜 딸 하나 낳아주소
아이고 넘사시럽게 왜 그러세요
엄마는 그날부터 딸을 낳기 위해 조상대대로의 비법을 전수받기에 바빴다
혜영이네 가면서 고구마를 듬뿍 안고 부엌으로 들어갔다
윗마을에 누 갈 때는 쌀 한 됫박을 가지고 갔다

아랫마을 끝순이 집에 가서는 아들 낳는 비법까지 나열하고 오는 명강사가 되었다

아들 많은 동네에 딸이라는 존재는 그야말로 보석 중에 보석이다

시절은 好시절 5월, 나는 그렇게 태어났다

웃음에 대한 슬픈 보고서

비켜가는 사람이 웃는다
경계의 테두리를 건조시키는 무음이 스륵 지나간다
미처 깨닫지 못하고 지핀 미소가 소록소록 오른다

정점을 겉도는 프로테이지가 추락하고 있다
고단함이 지속되고 있는 우울한 답지
열 번 스무 번을 되새겨도 채워지지 않는 보고서

아픔은 어느 역에 머무는 건지
억장이 무너짐은 어디서 오는 것인지
꼭지발을 든 발가락이 서럽게 치켜든다

웃음이 묻어나는 날
가까이 두지 못한 생각들이 꼬리를 물며 떠오른다
차마 잡지 못한, 잡히지 않은 웃음이 뒷걸음질을 치고 있다

슬픔으로 직진하는 미소,
명치끝을 허무는 고통의 사다리에 너가 있다

오가다[45)]

안국역 6번 출구를 나오면
노숙을 오가며 책을 파는 노숙자가 있다
군밤장수가 맛보라며 진한 고향을 건네준다
운명의 길을 열어주는 지침서에 말을 담아 넘겨주는
타로카드에 살짝 귀가 넘어갈 즈음
사람들은 인사동을 서슴없이 오가다
한 걸음 틈새로 어제를 뒤적거리며 오가다
슬픔을 재단하며 설친 잠 사이를 오가다
다소곳이 충혈된 눈을 굴리며 오가다
가방이 접신하듯 쥐락펴락 손님 사이를 오가다
오래된 소망이 주인을 찾아 빛을 오가는 시간
눈을 크게 뜨고 들숨 날숨을 내쉬며 내 마음을 오간다
나는 언제나 달관으로 가는 길을 오갈 수 있을까

---

45) 안국역 6번 출구 쪽, 인사동에 있는 커피숍

그믐달베개

민트 색 이불속으로 스며든 발끝에
그의 다리를 더듬으며 차가운 계절을 덧댄다
그믐달이 하루라는 칼끝에 베어나가는 시간
거북이 등껍질 같은 고단한 옷을 벗고
그의 품속으로 안개의 날들이 잦아든다
창문으로 달빛이 들어온다
한 꺼풀 벗겨져 내린 달의 품속에서 안긴다
조금은 시들해진 겨울을 느끼며
나는 두엄이 펼쳐진 하원산 밭둑을 거닌다
달이 엄마의 팔베개처럼 편안하다

오솔길 외 4편

김기원[46]

누군가를 만날 것 같은 길
종소리 따라 귀가 자라나는 길을 걷는다
산란하는 햇살의 옆구리를 밟으며 길을 걷는다
빛을 들고 나와 팔고 있는 은방울 꽃
꽃의 얼룩은 꽃
풀의 꿈은 풀이다
바람이 영혼들을 죄수처럼 줄줄이 꿰어
어디론가 데려가고 있다
하늘에서 가느다란 빛이 비친다
훈훈한 위안으로 지저귀는 새떼들

저기 저만치에 내 영혼이 앞서 간다
나는 30년을 뒤처져 걷고 있다

46) 2기, 2011년 9월 등록, 계간 <스토리문학> 등단

노을 길

파란 하늘 푸른 바다
노란 백사장 해송 숲길에
은빛 물결 타고 불어온 삶이
붉은빛 노을과 함께 가슴을 파고 든다

그리움에 사무친 꽃지 해변 할머니바위처럼
희망 하나로 지쳐버린 삶
기다림에 무심한 불귀의 할아버지바위처럼
면면히 이어온 질곡의 삶

간간이 고깃배 넘실대고
햇살에 부서진
은빛 비늘들이 붉은빛으로 노을 져서
쉼 없이 출렁인다

진분홍 해당화 진노란 금계국
해송 숲길을 지나
추억을 잉태하는 해안 길 위에
아름드리 연이어 곱게 피고 진다

한낮의 햇살 듬뿍 머금은

은빛 비늘 가득 담고
검푸른 파도 타고 겹겹이 밀려와
끊임없이 소리치고 부서지며 사라진다

눈 오는 어느 날

눈 내리면
저 멀리 하얀 마음으로
설레이며 달려가고

폭폭 눈 내리면
아름드리 푸른 고독으로
새하얀 꽃 피우고
시린 줄 모르는 기다리는 내 님

눈 소리 울리면
차오르는 꿩 한 마리의 급한 비상으로
고요하며 맑아지고

뽀드득뽀드득 눈 소리 울리면
덩실덩실 들뜨고 흥겨워하는 내 님

눈 쌓이면
수북이 피워낸 순백 거울로
눈부시며 환해지고

온통 눈 쌓이면

상처 아우를 온기로
파란 그림자가 되고 바람이 되는
내 님이 있다

비무장지대 · 3
– 개구리 같고 구렁이 같은

백골부대 22연대 2대대 3중대 3초소 새벽 3시 근무 작대기 3개 천 상병 조 상병 조 남방한계선 철책이 가로지르는 대성산 앞 실개천 기슭에 걸쳐서 막 떠 있고 12시 방향 실개천 속 천상병 앞에는 머리 올려 든 개구리 두 마리가 떠 있을 뿐이고 조 상병 앞에는 머리 치켜 든 구렁이가 떠 있을 뿐이다 간밤 가랑비 한 번 주춤하고 다시 눈물같이 흘러내리더니 개골개골 개구리 골골에 취한 듯 안개 속으로 곯아떨어진다 개구리도 구렁이도 한 번 젖고 다시 젖더니 혓바닥 드러낸 실개천 속 보일 듯 말듯 간간이 번뜩이는 칠흑빛에 머리 치켜 들며 회돌이 칠 때마다 슬금슬금 기어나 온다 천상병은 물장구 처대는 개구리 따라 강가에 노닐고 조 상병은 사르르 안개 속 언덕으로 기어오르다가 어느새 깊은 계곡 같고 깊은 강물 같기도 한 구름다리 위에 둥실 떠있더니 순간순간 선명해져 보이는 것은 왼손 쪽 줄은 분명 끊어지고 오른손 쪽 줄마저 한 오라기씩 풀리면서 붉은 감 떨어지듯 허망하게 뚝 떨어지는 바로 그 찰나 으윽 소스라치는 전율에 몽구스 눈보다 더 응집(凝集)된 조상병 눈동자 속으로 시꺼먼 모자 눌러쓴 공비(共匪)들이 엉금엉금 그것도 세 놈씩이나 다가선다 끊임없이 도리질 처대는 가슴은 콩닥콩닥 재수 좋은 세 놈인

지라 그만 검지를 당겨버리고 탕타탕 칠흑을 깬다 어께를 엶 댄 천상병도 좌우 초소들도 3중대 전 초소들도 탕타탕 탕타탕 조명탄이 끊이지 않고 철책 앞 초연이 낮게 깔리면서 코를 찌른다 여명(黎明)의 문 열리자 수색대 들어가고 실개천 속 개구리 같고 구렁이 같은 바윗돌 3개만 벌집 쑤신 듯이 일그러졌을 뿐 공비 침투 흔적 없다는 상황 끝 메아리만 쳐 온다 천상병 본디 하나이니 다행한 일이라며 개구리 왕 눈 되어 깜빡일 뿐이고 조 상병 이래선 안 된다고 후회하며 삼삼한 삼재수 옴 붙은 구렁이 사두(蛇頭)되어 흔들어댈 뿐이다

비무장지대 · 5
– 돌무지

어, 언제이런가
강물 속 크고 작은 돌 서로 만나서
서로에 뒤섞여 돌무지가 되었는가

퍼 퍼드득 푸드득
주둥이가 납작해서 재미있지만
본능적인 율동이 앙칼진 메기여
돌무지가 그리 좋아서이런가

바 바아가 박아아
꼬리가 날렵해서 재치있지만
도발적인 앙탈이 드세진 쏘가리여
돌무지가 그리 좋아서 이런가

같은 족속 이런가
퍼 퍼드득 푸드득
바 바아가 박아아

6월 어느 날 온통 붉게 물들고
탄약이 임진강에 치닫고 치달아
용춤 추며 잉태한 서로에게 사랑하는

돌무지가 그리 좋아서 이런가

몇몇 날 강 저켠 묻히고 내일 와 닿아
청메기 적쏘가리 하나 되는 태극춤에
돌무지가 하 하 핫 웃고 울고
아 동강난 임진강이 풀려지려는가

그놈의 정 외 4편

민홍기[47)]

딸아이가 키우던 강아지 두 마리를
내게 맡겨 놓고 시집을 갔다
외출했다 돌아오면 무척이나 반기며 따른다
때로는 귀찮게 할 때도 있지만
외롭지 않고 행복하다

현관문만 열면 자기들 먹을 것을 가지고 왔는지
우선 손을 쳐다본다
무엇을 손에 들고 들어올 때는 더욱 야단법석 좋아한다

일 년을 사이에 두고 두 마리 모두가
나이가 들고 병들어 죽었다
병원에 데리고 가기도 하고
입원을 시키기도 했다
집에서 아파할 때는 곁에서 밤도 새웠다

김포 화장터에서 화장을 하고
남은 유골을 고온 가열로 엔젤스톤을 만들어
딸아이가 사진과 함께 보관하고 있다

---

47) 2기, 2011년 9월 등록, 계간 <스토리문학> 등단

>

지금은 집에 오면 반기는 것이 없는
빈집이라 외롭고 허전하다

호황과 불황

어느 택시 기사의 말
길 옆 전봇대를 끌어안고 흔들거리는 사람이 보이면 호황
그런 사람이 안 보이면 불황이라고 한다

요즘에는 그런 사람이 잘 보이지 않는다
불황 때문일까
경범죄 단속 때문일까

나라도 전신주를 끌어안고 흔들고 있어야겠다
벌금을 내고서라도
어서 나라가 호황이었으면 좋겠다

방범순찰

일주일에 한 번 월요일 늦은밤이면
나는 동료들과 어울려 방범 순찰을 한다
범죄예방을 위해서다

의심되는 용의자는 보이지 않고
가끔 연인들끼리 어둑한 벤치에 앉아 속삭인다
미안한 마음에 못 본 척
얼른 피해서 지나간다

어서 사랑이 싹트고 익어가서
행복한 가정 이루고 아이 낳아
인구 감소 막아줬으면 좋겠다

빈 둥지

어느 겨울날
앙상한 나뭇가지에 얹혀있는 빈 둥지를 보았다

그동안 몇 세대나 둥지를 틀었을까
수도 없이 많은 새끼들이 길러졌을 것이다
저렇게 견고한 둥지를 틀려고
얼마나 어려움을 겪었을까

비 오고 바람 불고 천둥이 칠 때
지붕도 없는 둥지에
얼마나 무섭고 힘들었을까

적으로부터 새끼들을 보호하려고
위험을 무릅쓰고 싸우기도 했겠지

지금은 다 키워 출가시키고
집 비워놓고 여행가서 쉬고 있을까

빈집에 혼자 우두커니 들어앉아
새들을 생각해본다

철마

서울에서 원산을 향해 달리던 경원선
104km 지점에 위치한 월정리역에 서 있다
원산까지 227km의 중간지점에 있는 역
잠시 쉬었다 가던 역이라는데
전쟁으로 더 이상 달릴 수 없는
우리나라 최북단의 역이 되었다

산하는 옛 고향역 그대로인데
녹슬어 뼈대만 남은 철마가 전쟁의 참혹함을 말해준다
'철마는 달리고 싶다'란 대형 간판이 을씨년스럽다
울부짖는 소리 귀에 쟁쟁하더니
굶주리고 지쳐서 벌렁 드러누워
신음소리마저 사라진 지 오래다

떠나야할 시간은 다가오는데
아직도 깊은 잠에 빠져있다
깊이 잠든 철마를 깨워
정신 차리고 힘내서 어서 빨리 달리라고
마음의 채찍을 가해본다

나의 빈자리 외 4편

송옥임[48)]

하루가 저무는 길모퉁이에
서둘러 흩어지는 발자국소리들

누군가를 미워하고 원망하며
어리석게 살아온 날들을 돌이키며

지나간 수많은 시간들을
하나 둘 추억 속으로 돌려보내고

길모퉁이 어둠을 헤집고
내 빈 자리로 돌아가리라

나 하나가 세상에 존재키 위해
많은 사람들이 괴로워했음을

어리석게도 이제야 모든 걸 깨닫고
굳건히 내 빈자리를 지켜 가리라

---

48) 1기, 2011년 3월 등록, 월간 <문예사조> 등단, 시집 『하얀 그리움』, 『문경장 모퉁이에서』

눈사람

눈 오는 골목길에
버티고 서서
한없이 하얀 눈을
맞고 서있는
혹시 당신은 눈사람인가요
모자를 드릴까요
당신의 머리 위에
함박눈이 오네요
우산을 드릴까요
당신의 어깨 위에도
하얀 눈이 오네요
그대로 좀 더 있어주세요
살아있는 눈사람
구경하는 재미가
제법 쏠쏠하네요

찔레꽃

당신을 사랑했던
하얀 가슴은
수룩히 가시를 달고
찔레나무가 되었다오

긴 세월을 돌이켜
내 하얀 꽃을 피울 테니
내 꽃이 피거들랑
부디 돌아와주어요

내 꽃의 향기에
취하지 말고
내 꽃이 지기 전엔
부디 돌아가 주어요

이제 다시는
피우지 못할
내 꽃의 향기에
주저앉지 말아 주어요

건망증과 치매 사이

내 기억이 자꾸 희미해진다
내게 한 송이 꽃이었던 것들도
한 움큼의 고통이었던 것들마저
점점 희미하게 멀어져 가고 있다
무엇인가, 내가 골똘히 생각하려 애쓴 것은…
내가 한때 머물렀던 시간과 장소가
전혀 알 수 없는 곳처럼 여겨진다
세상에 대한 미련과 아쉬움이
무게와 부피로부터 덜어지는 것일까?
떠날 때에 가벼운 몸짓으로 갈 수 있도록…
따스한 봄날에 추운 겨울을 느끼고
고요함 속에서 천둥과 번개를 느끼며
먼저와 나중도 구분키 어렵다
내 기억이 점점 이상해지고 있다

뜨거운 인생

살아
책 한 권을 남기고

죽어
빛나는 이름을 남기려나

가슴에
심장은 아직 뜨거운데

마음은
돌처럼 차갑게 굳어있네

행여
더 이상 아무것도

혹여
남기지 못한다 해도

살아
써놓은 책을 뒤적이며

죽어도
나 외롭지 않으리라

이 도서의 국립중앙도서관 출판예정도서목록(CIP)은 서지정보유통지원시스템 홈페이지(http://seoji.nl.go.kr)와 국가자료공동목록시스템(http://www.nl.go.kr/kolisnet)에서 이용하실 수 있습니다.

(CIP제어번호 : CIP2019031761)

2019년 1학기 17기
고려대학교 평생교육원 시창작과정 앤솔로지

95cm×60cm 스크린

초판인쇄일 2018년 08월 16일
초판발행일 2019년 08월 21일

지은이 : 이혜수 외
발행인 : 김순진
편집장 : 전하라
디자인 : 김초롱
펴낸곳 : 문학공원
등 록 : 2004년 3월 9일 제6-706호
주 소 : 우편번호 03382 서울 은평구 통일로 633
녹번오피스텔 501호 스토리문학사
전 화 : 02-2234-1666
팩 스 : 02-2236-1666
홈페이지 : http://cafe.daum.net/yob51
이메일 : 4615562@hanmail.net

※ 책값은 뒤표지에 있습니다.